La crise d'adaptation

Découvrez pourquoi il faut des capacités d'adaptation pour une vie saine et épanouissante

WILLIAM A. HOWATT

Avant-propos de Gillian Livingston du *Globe and Mail*

Morneau Shepell, Ltd.

© Morneau Shepell, 2015.

ISBN 978-1-926460-04-8

Publié en 2016

Morneau Shepell, Ltd.
895, Don Mills Road Tower One, Suite 700
Toronto (Ontario) M3C 1W3
www.morneaushepell.com

Maquette de couverture par Kathryn Marcellino
www.custom-graphic-design.com

Dédicace

Je dédie ce livre à ma mère, Lydia Howatt, qui a toujours été la personne qui m'a écouté, ne m'a jamais jugé et m'a aidé à traverser ce qu'il me semblait qu'elle percevait comme une crise quotidienne d'adaptation quand j'étais jeune et au début de l'âge adulte. Elle m'a aidé à apprendre à croire en moi et à apprendre qu'on ne peut créer que ce qu'on croit possible. J'ai donc appris à faire face aux exigences de la vie — du moins la plupart du temps, car la perfection n'existe pas. Quoi qu'il en soit, ma mère a été une force qui m'a rappelé que mes idées pouvaient devenir ma réalité.

Merci, Maman. Je t'aime. Bill

Autres éloges de *La crise d'adaptation*

Nous avons beau être une société d'abondance, le mécontentement général et le manque d'estime de soi n'ont jamais été plus répandus. Tant chez les patients que chez les travailleurs de la santé, l'incapacité de faire face aux défis quotidiens de la vie est une cause majeure de ces sentiments négatifs. Comme devant toute maladie, il est essentiel de comprendre le problème et d'assumer ses responsabilités. Le livre de Bill Howatt nous fait partager le vécu d'une personne ordinaire incapable de faire face aux défis quotidiens de la vie. En établissant un lien entre capacité d'adaptation et bien-être mental ainsi qu'en définissant et en atténuant le « grippage d'adaptation », l'auteur m'a donné des outils pour aider mes patients à prendre en main leur comportement et son impact sur leur état de santé. Il est désormais beaucoup plus clair à mes yeux que la plupart de mes patients et de mes collègues qui ne sont pas en bonne santé sont incapables de faire face, quelque chose que je n'avais jamais pu appréhender clairement avant d'avoir lu ce livre.

~Marc Pelletier, M.D., M.Sc., FRCSC. Chef du service de chirurgie cardiaque du Centre cardiaque du Nouveau-Brunswick

★★★

Le stress est quelque chose que nous vivons tous quotidiennement. Le livre de M. Howatt *La crise d'adaptation* nous aide non seulement à mieux comprendre le stress, mais, plus fondamentalement, à comprendre comment réagir et faire face efficacement aux facteurs de stress inéluctables que nous rencontrons chaque jour. C'est le livre que je recommande à quiconque cherche une feuille de route pratique pour devenir un meilleur coach de soi et à quiconque veut poursuivre son développement personnel ou professionnel.

~Dave Veale, fondateur et PDG de Vision Coaching Inc.

★★★

Bill Howatt m'a ouvert les yeux sur les répercussions sociétales saisissantes du stress au travail. Son dernier livre, *La crise d'adaptation*, fait découvrir les causes, les symptômes et les répercussions des problèmes de santé mentale au travail et, plus fondamentalement, fournit des mécanismes pour à la fois cerner les facteurs de stress en milieu de travail et introduire de nouvelles capacités d'adaptation. Bill a conféré un nouveau degré de passion, de science et de rigueur au domaine des répercussions travail-vie personnelle et à la nécessité de créer de nouvelles voies d'adaptation pour les personnes et les employés.

~Neil Jacobsen, Commissaire des services stratégiques de la Ville de Saint John

Le point de vue sur la vie que le lecteur découvre dans le regard de Sam lui permet de comprendre clairement les difficultés de la vie auxquelles on se heurte quand on a des capacités d'adaptation lacunaires. Nous faisons la connaissance de Sam au travers de son cheminement personnel et nous pouvons mieux comprendre combien de gens autour de nous traversent peut-être une crise identique ou similaire. La démarche directe de M. Howatt, présentée dans un langage facile à comprendre, est rafraîchissante, mais aussi informative et instructive. Personnellement, je recommanderais à toutes les personnes qui ont du mal à faire face ou qui connaissent quelqu'un qui pourrait être dans cette situation de lire ce livre pour mieux comprendre les indicateurs et les stratégies qui existent.

~Ian D. Allen, directeur général du College of Extended Learning de l'Université du Nouveau-Brunswick

★★★

En tant que PDG à la tête d'une entreprise qui, en fin de compte, donne aux gens les moyens d'adopter une démarche proactive et engagée en matière de bien-être, je prends toute la mesure des défis considérables qui se posent à quiconque essaie de changer ses propres comportements autodestructeurs. Le livre de Bill Howatt m'a éclairé sur l'importance d'inculquer des capacités d'adaptation appropriées pour permettre de traverser les moments difficiles et, finalement, amener à choisir le chemin du changement plutôt que celui du confort. C'est un livre à faire lire à tout le monde, dans tous les groupes d'âge et de population. Que vous soyez un patient atteint de diabète de type 2 ou un athlète qui se prépare aux Jeux olympiques, vous pouvez tirer parti des stratégies et mécanismes de Bill pour opérer un changement véritable et obtenir des résultats durables. Je recommande vivement ce livre à quiconque cherche à opérer un changement réel dans sa vie et à acquérir les outils mentaux appropriés pour faire face à toute situation.

~Travis McDonough, fondateur et PDG de Kinduct Technologies

★★★

Bill Howatt prouve une fois de plus que savoir, c'est pouvoir, en soulevant le voile qui couvre le comportement humain pour examiner comment nos croyances construisent notre vie. Il nous montre ensuite la voie à suivre pour réaliser systématiquement notre potentiel. Une lecture instructive et pratique pour les individus, les équipes et les organisations.

~Janice MacInnis, Gestionnaire, Santé organisationnelle, Université Dalhousie

Grâce au travail fantastique réalisé par de nombreux Canadiens qui ont à cœur de sensibiliser aux problèmes de santé mentale, comme l'Association canadienne pour la santé mentale et la Commission de la santé mentale du Canada, bien des gens sont beaucoup plus ouverts à la discussion sur la santé mentale et la maladie mentale et il y a beaucoup de campagnes nationales sur le sujet. Cependant, parler des maladies mentales ne semble pas améliorer la santé des Canadiens. En fait, les statistiques sur la prévalence des maladies mentales et leur effet au travail semblent indiquer que le problème s'aggrave, et ce alors que les efforts en faveur de la santé mentale n'ont jamais été aussi nombreux. Beaucoup d'études se sont penchées sur ces tendances, dont une menée en partenariat par le *Globe and Mail* et M. Bill Howatt. Les données semblent indiquer que ces tendances, plutôt que d'être révélatrices d'une crise de la santé mentale, doivent être interprétées comme une crise d'adaptation. De même qu'une campagne publique en faveur de l'hygiène publique a la capacité de réduire grandement la propagation des épidémies, une campagne en faveur de l'hygiène en santé mentale faisant la promotion de saines capacités d'adaptation peut réduire grandement l'épidémie de dépression et d'anxiété dans la population. Le parcours de Sam, tel qu'il est dépeint dans ce livre, nous permet de mieux comprendre le lien entre capacités d'adaptation et santé mentale.~*C. Robinson, gestionnaire des RH dans un établissement canadien de soins actifs*

★★★

Magnifique livre, très pertinent et utile pour les employeurs, les employés, les particuliers, les parents et les étudiants.
~*Reid Estey, chef en RH à l'Université Saint Francis Xavier*

★★★

En ma qualité d'avocat spécialisé en droit du travail et de l'emploi, j'ai eu affaire à d'innombrables conflits en milieu de travail qui étaient alimentés par le stress. Des gestionnaires pressés de remplir des critères de référence ont des comportements disgracieux, puis violents, envers les employés; des employés ont les nerfs à vif à cause de problèmes personnels comme des dettes ou une rupture, et leur rendement au travail s'en ressent; des gestionnaires et des employés se sentent menacés dans leurs fonctions et adoptent pour se protéger un comportement qui perturbe l'organisation; et la liste ne s'arrête pas là. Bill Howatt a longuement étudié les problèmes de stress au travail et, dans ce livre, il propose des perspectives qui seront utiles à quiconque est accablé par le stress. *La crise d'adaptation* montre la voie vers une existence plus tranquille.
~*Kelly VanBuskirk, Ph.D., Arb.A. (S.P.) Lawson Creamer*

Table des matières

Remerciements

Je voudrais mentionner particulièrement Al Kingsbury, qui a joué un rôle fondamental en m'aidant à rassembler mes mots et à les mettre en forme pour ce livre. Sans l'appui et la patience d'Al, ce livre n'aurait pas vu le jour. Pourquoi? J'ai eu toute ma vie une dyslexie et un TDAH (trouble déficitaire de l'attention avec hyperactivité). Je connais la souffrance de l'échec, je sais que la vie est parfois difficile et je comprends l'intérêt des capacités d'adaptation. Il n'y a peut-être aucune activité au monde qui soit plus difficile pour moi qu'écrire. Avant de pouvoir commencer à écrire des livres, il a fallu que je développe un ensemble de stratégies et que j'acquière de l'aisance et de l'assurance pour demander de l'aide afin de mettre mes idées sur papier sous une forme que les autres peuvent lire. Merci, Al, de m'avoir aidé à mener à bien plusieurs de ces projets.

J'aimerais également saluer et remercier tous les réviseurs qui ont pris le temps, malgré leur emploi du temps chargé, de me faire part de leurs réflexions, commentaires et révisions. Merci de vos éloges et merci de l'appui que vous accordez à La crise d'adaptation, un sujet important à étudier. Enfin, je tiens à remercier particulièrement Gillian Livingston pour sa contribution à ce livre et pour m'avoir appuyé dans ma démarche en vue d'aider les employés à mieux faire face au stress au travers de l'enquête Your Life at Work réalisée par l'intermédiaire du Globe and Mail ainsi que Greg Caines pour sa passion et son engagement à parler aux employeurs et aux employés des moyens d'enrayer la crise d'adaptation.

Avant-propos

« Comment vas-tu? »

Aujourd'hui, cette simple question qu'on pose autour du distributeur d'eau au travail recouvre tellement de dimensions. Elle demande « en sors-tu? »; « t'en tires-tu? »; « est-ce que ta charge de travail est raisonnable? »; « est-ce que ton supérieur est équitable? »; « comment concilies-tu travail et vie personnelle? ».

Les gens qui travaillent savent que la vie change — en général pas pour le mieux — depuis au moins dix ans sur les lieux de travail au Canada. On nous demande d'en faire plus avec moins, plus vite, et les conséquences sont plus lourdes en cas d'erreur. De nombreuses organisations essaient de serrer les cordons le plus possible. Il n'y a pas de travailleurs « en surnombre ». Tout le monde a une charge de travail beaucoup plus lourde que par le passé. Nous avons traversé des récessions et des licenciements et nous avons senti les répercussions de la mise à pied de collègues dont la charge de travail a simplement été répartie entre ceux qui y avaient échappé.

Par conséquent, les travailleurs sont stressés. Leurs supérieurs sont stressés et mettent plus de pression sur le personnel qui travaille pour eux. Les employés essaient de respecter des échéances plus serrées au travail tout en s'efforçant de concilier ces exigences avec les besoins de leur conjoint et de leur famille.

Les travailleurs sont dans l'impasse et, s'ils n'ont pas de réelles capacités d'adaptation, certains arrivent au bout du rouleau, d'abord parce qu'ils ne sont pas en mesure de gérer leur vie et leur travail, ensuite parce qu'ils se sentent tendus, frustrés, puis stressés à l'extrême. Quand on en est là, personne n'y gagne et c'est l'employé qui en souffre le plus.

Le constat de ce changement dans la vie professionnelle est ce qui a inspiré l'enquête Your Life at Work pour le Globe and Mail, que j'ai réalisée conjointement avec Bill Howatt. Bill et moi avons pris son questionnaire (plus de 300 questions) sur la qualité de vie au travail et nous les avons condensées. Ensuite, plus de 7 000 personnes ont répondu à notre enquête en ligne entre février 2014 et janvier 2015. Les réponses des lecteurs ont claire-ment démontré que le stress et la recherche de moyens pour gérer les facteurs de stress au travail et dans la vie touchaient une corde sensible chez les travailleurs canadiens. Le lien suivant conduit à un aperçu détaillé (en anglais) des résultats: www.theglobeandmail.com/report-on-business/careers/career-advice/life-at-work/survey-says-were-stressed-and-not-loving-it/article22722102.

L'enquête, à laquelle ont participé plus de 7 300 Canadiennes et Canadiens, a révélé que 60 pour cent des travailleurs se sentaient stressés et avaient du mal à faire face aux exigences de leur vie professionnelle et de leur vie privée. Il est apparu que les exigences et l'atmosphère au travail, comme les attentes profes-sionnelles, le manque de confiance entre direction et personnel, les ragots, l'interaction avec les pairs et la culture étaient des facteurs clés de stress. Les personnes qui se sentaient les plus stressées ont indiqué ne pas avoir de solides capacités d'adaptation et faire moins d'efforts au quotidien, être en congé de maladie plus souvent et s'investir moins dans leur travail. Les employés stressés avaient également davantage tendance à avoir recours à des moyens préjudiciables de gestion du stress, comme les excès alimentaires, la consommation d'alcool, le jeu ou la drogue.

À l'inverse, ceux qui estimaient que leur stress était sous contrôle manifestaient de meilleures capacités d'adaptation, s'investissaient davantage dans leur travail, étaient plus heureux, plus épanouis, plus productifs et en meilleure santé. L'enquête a aussi révélé qu'ignorer la santé et le bien-être du personnel pouvait coûter des millions de dollars aux entreprises en raison de la multiplication des congés de maladie, de la hausse des coûts d'assurance collective et de la baisse de la productivité.

L'enquête a démontré dans l'ensemble que les organisations ont intérêt à mieux soutenir leurs employés et à les aider à développer leurs capacités d'adaptation pour que la santé et le bien-être du personnel restent des priorités sur les lieux de travail.

En fait, peu de gens suivent une formation structurée pour améliorer leurs capacités d'adaptation, par exemple pour apprendre à contrôler leurs émotions, à réagir aux facteurs de stress, à gérer la pression et les attentes et à gérer leur temps. Si ces capacités ne sont pas acquises au fil des années d'école et de travail, on a des difficultés par la suite. Et c'est souvent un dilemme à la « marche ou crève ». Si vous pouvez maîtriser votre temps et gérer les attentes, vous obtiendrez une bonne note à l'école ou vous satisferez votre chef au travail. Mais si on ne vous enseigne pas ces compétences et qu'on vous donne une tâche dans l'espoir que vous vous débrouillerez, vous risquez d'avoir des difficultés.

Si, en plus d'engager des cadres efficaces et de maintenir la charge de travail à un niveau raisonnable, les employeurs aident le personnel à acquérir de meilleures capacités d'adaptation, par exemple la capacité d'interagir efficacement avec son supérieur, de gérer son temps, de concilier les responsabilités domestiques et professionnelles ou encore de déstresser en bougeant ou en pratiquant d'autres activités, les employés seront plus productifs, plus heureux et moins stressés.

Quiconque a occupé des fonctions d'encadrement sait combien le stress pèse sur le personnel. Entre le travailleur qui ne peut effectuer qu'une tâche à la fois et à qui on doit tout expliquer en détail et le membre du personnel à qui on sait pouvoir confier une charge de travail trois fois supérieure à celle de son collègue, on sait que les capacités d'adaptation sont la clé de la productivité au travail. Le lieu de travail doit sans aucun doute être équitable, mais on peut aussi aider le personnel à faire face aux stress de la vie et du travail que le milieu professionnel ne peut pas toujours contrôler.

De nos jours, les milieux de travail, où qu'ils soient, peuvent être exigeants. Plus nous pourrons créer de lieux de travail efficaces et aider les travailleurs à faire face aux exigences que leur imposent leur travail et leur vie privée, mieux ce sera pour nous tous.

Ce livre s'intéresse aux capacités d'adaptation fondées sur le comportement. Il s'agit d'aptitudes qu'on peut enseigner pour aider quelqu'un à mieux faire face au stress. Elles influencent l'efficacité avec laquelle on peut résoudre un problème, prendre des décisions, réagir à la pression, contrôler ses émotions, composer avec l'adversité pour atteindre un objectif, faire face à un conflit, se relever d'un échec, s'adapter au changement, essuyer des refus sans se décourager, gérer sa charge de travail et croire en sa capacité de prendre en main son destin. Ce sont là des attributs de quelqu'un qui a des capacités d'adaptation avancées.

En définitive, la réussite est déterminée par la manière dont on fait face à la vie. Ce livre analyse la crise d'adaptation, ses origines et ce que peut faire quelqu'un comme Sam pour composer avec différents scénarios. Sam est le personnage fictif décrit tout au long du livre pour aider le lecteur à découvrir les concepts de l'adaptation. Chaque chapitre donne des idées pour les gens comme Sam et ceux qui veulent les aider.

C'est pour cette raison que ce livre est important maintenant, au moment où le monde du travail est à la croisée des chemins. Les organisations ont besoin d'employés productifs, mais elles oublient que les gens ne sont pas des machines et que leur vie ne se limite pas au travail. Les entreprises doivent comprendre que bien traiter leurs employés, maintenir la charge de travail à un niveau raisonnable, engager des cadres efficaces, offrir des congés payés généreux et s'engager à avoir une culture d'ouverture et d'honnêteté au travail est payant d'un point de vue économique. Il faut que les travailleurs sachent qu'il est vital pour leur santé et leur bien-être de pouvoir gérer le stress causé par le travail et la vie. Les employés doivent savoir qu'ils doivent s'exprimer pour pouvoir mieux gérer les exigences qui leur sont imposées et ils doivent trouver un équilibre entre travail et vie privée. La productivité des organisations du monde entier et des employés est en jeu.

~*Gillian Livingston, ex-rédactrice de* Careers *et rédactrice adjointe de* Globe Investor *au* Globe and Mail

Préface

Je travaille depuis 23 ans dans le secteur de la santé et de l'assurance collective et, au cours des années, j'ai vu beaucoup de changements et de tendances. Dans les années 1990, les coûts pour les employeurs ont connu une progression annuelle à deux chiffres en raison de l'arrivée sur le marché de nouveaux médicaments révolutionnaires. De nombreux médicaments sont apparus dans des catégories entièrement nouvelles correspondant à des maladies de civilisation. Au fil des années, j'ai parlé à de nombreux médecins qui continuent à affirmer que 75 pour cent des problèmes de santé qu'ils voient chaque jour dans leur cabinet sont dus à des choix de mode de vie. Il y a des médicaments pour soulager nos brûlures d'estomac quand nous avons trop mangé ou bu trop de café. L'excès de cholestérol dû à de mauvaises habitudes alimentaires se traite à l'aide de nouveaux médicaments. Quand on a le cafard, on prend un antidépresseur... Pas si vite! Ce dernier exemple est un peu différent des deux premiers, mais nous y reviendrons dans un instant.

Dans les années 2000, nous avons vu un éventail de stratégies de réduction des coûts à la suite des pressions sur les coûts de la décennie précédente. Vers la fin des années 2000, nous avons commencé à voir arriver des médicaments spéciaux et biologiques. Ces médicaments biologiques ont transformé les traite-

ments prescrits pour de nombreuses affections graves et débili-
tantes. Ils représentent également un nouveau coût considérable
pour les employeurs et les promoteurs de régime d'assurance
(incidemment, tout en allégeant considérablement le budget des
hôpitaux provinciaux en diminuant les interventions chirurgicales
et en remplaçant discrètement les soins aux patients hospitalisés/
non hospitalisés par des soins à domicile). Le début des années 2010 a été marqué par des réformes touchant le prix des
médicaments génériques et par l'expiration du brevet de multiples
médicaments de marque, ce qui a permis un allègement bienvenu
des coûts pour de nombreux promoteurs de régime d'assurance.
Les réformes du prix des médicaments génériques ont peut-être
masqué temporairement les préoccupations naissantes concernant
les coûts en lien avec la catégorie des médicaments spéciaux et
biologiques, qui restera un facteur de coûts déterminant dans
l'avenir.

Pourquoi vous dis-je cela? Aussi loin que je me souvienne, les
employeurs ont joué, par l'intermédiaire de l'assurance collective,
un rôle important dans la santé et le bien-être, dans la vie des
employés. En plus de programmes d'assurance collective, de
nombreux employeurs offrent aussi un large éventail de programmes et d'initiatives qui relèvent de ce qu'ils pourraient appeler
le « bien-être des employés ». Malheureusement, dans la plupart des
cas, les répercussions économiques de ces initiatives de bien-être ne
sont pas mesurées, et les décideurs et responsables financiers
s'interrogent sur le rendement de l'investissement ou la mesure des
résultats. Dans bien des cas, les employeurs ont l'impression de
prêcher les convertis, puisque les 10 pour cent d'employés qui

choisissent de participer ont déjà des activités bénéfiques pour la santé.

Cette année, j'ai fait une présentation à un congrès sur les ressources humaines en compagnie d'un expert-conseil renommé en santé au travail, qui est également médecin. Il a en substance exhorté l'auditoire de professionnels des RH à arrêter leurs « gestes arbitraires de bien-être ». Ses commentaires ont été accueillis par quelques esclaffements embarrassés, mais la vérité profonde à l'origine de son plaidoyer m'amène à la question suivante: « Quel est le rôle de l'employeur en matière de santé et de bien-être de l'employé? ».

Voici une réponse possible. Les employeurs ne peuvent pas « retaper » les employés, mais ils peuvent leur donner l'occasion de s'aider eux-mêmes (p. ex. en encourageant et en favorisant des lieux de travail sûrs sur le plan psychologique). Avant qu'un employé puisse prendre en main sa santé et son épanouissement, il doit accepter la responsabilité de sa propre santé. Dans de nombreuses organisations, la création d'un modèle de responsabilité partagée avec les employés est l'orientation culturelle souhaitée pour l'avenir. Un tel modèle repose sur la reconnaissance qu'il y a des choses que l'employeur peut faire pour favoriser un milieu de travail sain sur le plan physique comme sur le plan mental et qu'il y a des choses que les employés doivent s'approprier et dont ils doivent assumer la responsabilité en matière de santé et de productivité. Un défi de taille pour certains, compte tenu des attentes et des prétentions que nous avons cultivées ces dernières décennies. Il faut sortir de la logique qui voudrait qu'il existe « un comprimé pour guérir chacun de nos maux ». À défaut, le modèle actuel ne sera pas viable. Je ne dis pas que les médicaments ne jouent pas un rôle important dans notre système de soins de santé. Au contraire. Ce que je dis, c'est que, à titre individuel, nous serons en meilleure santé si nous apprenons à prendre soin de notre esprit et de notre corps afin d'avoir la capacité et l'énergie d'être la meilleure version de nous-mêmes dans l'intérêt de notre famille, de notre communauté et de notre milieu de travail.

Pour revenir à mon histoire au sujet des antidépresseurs, le succès mondial de ces médicaments a mis en évidence l'importance et la progression des problèmes de santé mentale dans la société en général et a au moins eu le mérite de porter la discussion au grand jour. Depuis, de nombreux médicaments prescrits dans le traitement de la dépression, de l'anxiété et du trouble bipolaire, pour ne citer que quelques exemples, se sont généralisés. Les preuves sont là. Pour la majorité des employeurs, les médicaments contre les troubles mentaux occupent souvent la première ou la deuxième place sur la liste des catégories de médicaments les plus utilisées en nombre de prescriptions aux assurés. Souvent, les problèmes de santé mentale sont la cause la plus fréquente des absences des employés, qu'elles soient de courte durée ou de longue durée. En milieu de travail, les comportements agressifs et l'intimidation sont en hausse, et le taux d'engagement des employés continue à plonger dans la perplexité les responsables de bien des organisations.

Récemment, à un événement du Conference Board du Canada, je parlais à un groupe de grands employeurs du pays. Je leur ai demandé de lever la main s'ils mesuraient l'engagement de leurs employés. La majorité a levé la main. Je leur ai ensuite demandé si l'amélioration du taux d'engagement de leurs employés faisait partie de leurs impératifs organisationnels. Encore une fois, la plupart ont levé la main. J'ai ensuite demandé au groupe: « Est-il possible que nous ne mesurions pas ce qu'il faut? ». Ma question a piqué la curiosité de l'auditoire et a suscité un bourdonnement d'échanges. Blague à part, ce que j'essayais d'expliquer, c'est qu'avant l'engagement vient la capacité de penser, de résoudre les problèmes et de traiter les nombreux facteurs de stress — réels ou perçus — qui se présentent à nous chaque jour, à chaque instant. Quand nous embauchons des employés, nous cherchons en général des candidats qui possèdent l'éducation, l'expérience professionnelle et les qualités personnelles requises, mais, souvent, nous n'évaluons pas leur faculté de penser et de raisonner, en particulier dans des circonstances stressantes. Dans bien des situations, c'est souvent bien après l'embauche que nous prenons la mesure des capacités d'une personne à faire face au stress.

Grâce à des organisations comme Bell Canada qui, par son leadership, montre comment parler de santé mentale au travail, on passe de la parole aux actes. La tendance a été de mettre l'accent sur les problèmes de santé mentale organiques les plus graves, avec lesquels un Canadien sur cinq est aux prises, mais, en vérité, nous sommes tous sur le continuum du bien-être mental dont il est question plus loin. Chaque jour, la majorité d'entre nous se trouve — au mieux — dans la catégorie de la frustration. Si vous connaissez la relation stress-tension, vous savez qu'un esprit exposé au stress pendant de longues périodes finit par entraîner l'effondrement du corps. C'est un résultat que personne ne veut, mais, à moins de comprendre les mesures à prendre pour éviter cette débâcle, c'est le sort qui nous attend probablement.

L'hypothèse sur laquelle ce livre repose est qu'il n'y a pas de crise de la santé mentale au Canada: il y a une « crise des capacités d'adaptation ». C'est le paradoxe classique de l'œuf et de la poule. Je sais que vous pensez probablement: « Assez d'annonces que le ciel va nous tomber sur la tête! ». Je suis très optimiste quant à la résilience des êtres humains et à notre capacité innée de nous montrer à la hauteur. Les employeurs ont la possibilité de jouer un rôle important en infléchissant la trajectoire future de la santé des employés, au-delà du milieu de travail et jusque dans les communautés, en n'essayant pas de « retaper » les employés, mais en leur donnant l'occasion de s'aider eux-mêmes. Il s'agit d'un dialogue à l'issue duquel les employeurs seront plus efficaces dans leurs domaines d'influence possibles comme la formation/le développement du leadership et l'application cohérente de directives claires, par exemple contre l'intimidation et le harcèlement, tandis que les employés seront responsables de leur part dans le dialogue au travers de la gestion de leur santé et de leur productivité. En lisant ce livre et l'histoire de Sam, je vous demande de penser à ce que Sam et son employeur pourraient faire autrement pour parvenir à un meilleur résultat.

~*Greg Caines, associé, Morneau Shepell*

CHAPITRE 1

Le défi

Tut… tut tut… tut tut tut tut tuuut!!!

Il est 19 h. Sam attend silencieusement à un carrefour à feux, le regard fixé au travers du pare-brise sur le soleil couchant qui se reflète dans l'eau. La soirée est sans nuage. En apparence, il semble admirer la perfection du paysage sur le chemin de retour du travail, mais, intérieurement, son esprit critique sa journée. Il se dit: « Ça recommence. Mon esprit est sens dessus dessous à cause du travail. Pourquoi est-ce que ça ne s'arrête pas? ».

Le feu passe au vert, mais échappe au regard de Sam qui attend une réponse interne à sa question. Après plusieurs secondes, le conducteur d'un gros 4x4 rouge immédiatement derrière Sam est impatient d'avancer. Il donne un, puis deux coups de klaxon respectueux, avec toute la politesse que permet l'avertisseur. Ses intentions sont simples: un geste pour encourager la petite voiture blanche de Sam à démarrer. Sam ne réagit pas, le regard dans le vide. Il est distrait; son esprit assimile les événements de la journée.

Le conducteur du 4x4 passe de petits coups de klaxon polis à un long coup appuyé. Sam sursaute et revient de son périple mental; son esprit passe de la station arrêt à la marche avant. Un sentiment d'embarras envahit Sam, accompagné d'une poussée d'adrénaline. Du plus profond de son esprit surgit une action possible: « *Je devrais l'envoyer promener pour qu'il me laisse tranquille.* »

Mais Sam pense ensuite immédiatement: « *Si je dis ça, il voudra peut-être se battre et je ne veux pas me battre. Je veux simplement me sortir de cette situation maintenant.* » Les idées d'agressivité de Sam s'évanouissent. Il est frustré, secoué et contrarié, mais il sait depuis longtemps refouler ses émotions pour réduire le risque de conflit.

« *O. K., je ne veux pas de conflit. Je n'ai qu'à avancer et à me débarrasser de cette personne* », pense Sam en portant son attention sur la tâche qui l'occupe. Il se redresse dans son siège, secoue la tête, regarde autour de lui pour voir si le carrefour est libre et avance lentement. Il retrouve peu à peu son sang-froid, et son taux d'adrénaline baisse.

En avançant, Sam remarque que le conducteur derrière lui hoche la tête en signe de désapprobation. Sam ne réagit pas à la communication non verbale de l'autre conducteur. Il s'applique à ramener son esprit à la conduite et à assimiler ce qui vient de se passer. Quelques pâtés de maisons plus loin, il se dit intérieurement: « *C'est arrivé une fois de plus. Mon esprit est sens dessus dessous à cause du travail. Pourquoi est-ce que je me laisse atteindre par ce boulot? Pour l'amour du ciel, je ne peux même pas conduire sans me sentir stressé.* »

Sam a eu une dure journée au travail, comme d'habitude. Il a travaillé toute la journée sur Thalès, le nom de code de son projet informatique du moment. C'est un projet complexe qui se trouve exiger beaucoup plus de travail qu'initialement prévu. Sam est sur ce projet depuis plusieurs semaines, et l'échéance pour la livraison est dans quatre jours. Mais, aujourd'hui, son supérieur a avancé l'échéance sans prévenir.

Son supérieur l'a appelé dans son bureau à 16 h pour lui dire que le client voulait avancer l'échéance de deux jours et qu'il avait accepté sans consulter Sam. Ça a été un choc pour Sam. Il aurait fallu donner un coup de collier pour finir en quatre jours; mais pour boucler en deux jours, il faudrait faire des efforts inouïs. Ce qui compliquait encore les choses pour Sam est qu'il ne pouvait rien faire de plus dans l'immédiat pour faire avancer le projet. Il attendait du matériel qui n'arriverait pas avant le lendemain matin. Maintenant, il devait trouver le moyen d'effectuer en deux jours quatre journées de travail complexe. Les enjeux et la pression étaient démultipliés et il était exaspéré en sortant du bureau. Pourtant, malgré sa frustration, il n'avait pas fait part de sa contrariété à son supérieur. Il avait accueilli la nouvelle sans broncher et était sorti du bureau.

Le travail est difficile pour Sam depuis plusieurs années. De manière générale, il se sent sous pression à cause de ce qu'il juge être des contraintes professionnelles excessives et d'un supérieur tyrannique. Son travail est fait d'échéances imminentes et d'attentes élevées à l'égard des résultats à produire. Il a l'impression qu'on ne lui demande jamais son avis, qu'on lui dit simplement ce qu'il doit faire et dans quels délais. Il a le sentiment que son quotidien est de réaliser des prouesses et de faire l'impossible, sans aucune considération pour les désagréments qu'il subit. La pression de son travail est telle qu'il ressasse dans son esprit des listes de choses à faire qui sont sa préoccupation principale à chaque moment où il ne dort pas. Quand il ne regarde pas la télévision, il a l'impression que son esprit est concentré sur son travail 24 heures sur 24.

Après ces conversations avec son chef, Sam a souvent le sentiment que son supérieur a eu des paroles condescendantes et lui manque de respect. Il sait qu'il est le seul de l'équipe informatique capable de ficeler ce genre de projets complexes à plusieurs étapes. Cependant, il n'a pas encore trouvé de moyen d'exprimer ses inquiétudes à son supérieur; il se contente de refouler ses sentiments. Il se demande souvent comment tenir le rythme effréné qui est le sien, parce qu'il trouve ses contraintes professionnelles épuisantes. Il n'est pas inhabituel pour lui d'être au bureau à 7 h 30 et de travailler jusqu'à 19 h. Les longues heures et la lourde charge de travail lui pèsent.

Une fois garé devant chez lui, Sam marque une pause et se dit: « C'est frustrant. C'est une soirée parfaite et je n'y trouve aucune joie. J'ignore totalement comment me détendre. » À ce stade, il se convainc que la vie est injuste et difficile. Un observateur extérieur décrirait Sam comme quelqu'un de réservé, certainement pas comme une personne extrovertie et heureuse.

Au quotidien, Sam consacre une quantité disproportionnée d'énergie mentale à penser combien il trouve pénibles son travail et son manque d'épanouissement professionnel. Il se sent déchiré. Il aime l'informatique, mais il n'aime pas les façons de faire de son supérieur. Il aimerait que son supérieur fasse preuve de considération envers lui ou, du moins, lui demande son avis, et il aimerait avoir la certitude qu'il sera traité avec respect s'il mettait en question les décisions de son supérieur.

En allant au travail chaque jour, il n'est pas rare que Sam se demande comment il fera pour tenir jusqu'à la fin de la journée. « Ce boulot est trop pénible », pense-t-il. Ce qui le retient, c'est peut-être le fait qu'il aime l'informatique et qu'il se sait à la hauteur. Ces conversations internes sont à l'origine d'une grande partie de sa tension et de son stress. Mais elles n'expliquent pas tout. Une autre source de stress ronge également Sam.

Sam est quelqu'un de tranquille et d'aimable qui vit seul. Sa vie est simple: il a son travail et rien d'autre. Il n'a ni animal de compagnie, ni partenaire, ni amis proches. Il salue ses voisins de la main le matin quand il les croise, mais les conversations qu'il a avec eux dépassent rarement l'échange de civilités et de commentaires à propos du temps qu'il fait et des actualités. Il ne connaît même pas le nom de la plupart de ses voisins; il ne les connaît que de vue.

Presque toute sa vie, Sam a fait tout ce qui était en son pouvoir pour éviter les conflits. De ce fait, il n'a pas pris beaucoup de risques. Les dix dernières années ont défilé à toute vitesse. Il a des antécédents de stress chronique et, aujourd'hui, il est aux prises avec plusieurs problèmes de santé. Entre son 34e et son 39e anniversaire, il a pris 27 kg (il mesure 1,78 m) parce qu'il a une mauvaise alimentation, qu'il grignote le soir et que son mode de vie sédentaire n'inclut aucune activité physique. Il pèse maintenant 104 kg. À 39 ans, il s'est vu prescrire des médicaments contre l'hypertension et, deux ans plus tard, il a reçu un diagnostic de dépression clinique. À 42 ans, il vient de recevoir un diagnostic de diabète de type 1 (à début tardif). Il a donc plusieurs maladies chroniques dont la plupart auraient vraisemblablement pu être évitées.

Sam n'a pas changé de mode de vie. Son médecin lui a fait part à de nombreuses reprises de ses inquiétudes concernant sa santé et ses choix de vie. Si la santé et le bonheur sont des concepts séduisants, Sam ne les considère pas comme envisageables pour lui. Dans son esprit, le bonheur est quelque chose que d'autres ont trouvé. Il a laissé passer sa chance. À ses yeux, ses problèmes de santé actuels sont en grande partie dus à la malchance. Il ne conçoit pas ou peut-être n'appréhende pas pleinement à quel point le choix de son mode de vie a contribué à déterminer et à créer son état de santé actuel. Il n'a pas encore assimilé que ses capacités d'adaptation ou son manque de capacités d'adaptation ont joué un rôle dans les choix qu'il a faits jusque-là dans la vie.

Aujourd'hui, à 42 ans, il se met à se poser des questions plus existentielles sur le sens de la vie. Les jours ordinaires, il passe beaucoup plus d'heures seul qu'en compagnie des autres. Quand il est seul, il a le sentiment qu'il n'a pas eu de chance dans la vie. Il ne s'attend pas au moindre changement en ce qui le concerne et il se sent souvent incapable de faire le moindre changement véritable. Il se dit fréquemment comme dans un script interne qu'il est trop tard pour changer sa vie. Le cours de son existence est tracé; il ne voit rien de positif dans l'avenir. Sans le savoir, il est piégé dans une prophétie qui s'auto-réalise.

Quand Sam était enfant, ses deux parents travaillaient. Il était enfant unique. Ses parents étaient bienveillants à son égard, mais n'avaient pas beaucoup de temps pour lui. Il ne se rappelle pas beaucoup de marques d'affection ou d'attention, peut-être même aucune. Par conséquent, il a peu de souvenirs familiaux positifs. Enfant, Sam a appris à ne pas déranger ses parents; à ses yeux, c'est quand ils ne l'entendaient pas qu'ils semblaient le plus heureux. Les souvenirs d'enfance de Sam sont assez désolants: il croit que, enfant, il n'a jamais été traité avec amour ni applaudi d'aucune manière. Il n'a pas non plus de souvenirs heureux.

Aucun membre de la famille de Sam n'est encore en vie aujourd'hui. Ses deux parents sont décédés; il se sent seul au monde et n'a pas de système de soutien familial.

Dans sa jeunesse, Sam avait toujours du mal, socialement, à faire face à la pression de ses pairs. Il était victime d'intimidation, si bien qu'il a appris à éviter les conflits et les gens. Il n'a jamais eu l'occasion et n'était pas en position de développer son assertivité ni d'acquérir des compétences en gestion des conflits. Depuis son plus jeune âge, il a l'impression que le monde qui l'entoure détermine et contrôle son destin. Pour lui, un des meilleurs

Avoir sa vie en main et avoir des attentes réalistes à l'égard des défis quotidiens est la clé de la gestion du stress, qui est peut-être l'ingrédient le plus important pour une vie heureuse, saine et gratifiante.
— Marilu Henner

moyens de faire face à la vie en société est de ne pas attirer l'attention, de faire son travail et de demeurer sur la réserve.

Au travail, il est connu comme l'informaticien obèse, tranquille et un peu singulier. Personne n'importune Sam. Mais personne n'est proche de lui non plus. Quelques-uns de ses collègues parlent d'informatique avec lui, mais ses interactions sociales s'arrêtent là. Il y a eu un temps où son poids le dérangeait, mais il a depuis accepté qu'il est obèse et qu'il le restera.

Devant les défis de la vie, Sam se sent généralement submergé intérieurement, mais ne montre aucune émotion à l'extérieur. Il maîtrise l'art de ne rien laisser paraître quand il est contrarié. Il contient ses émotions et cherche un moyen d'échapper à ce qu'il perçoit comme la cause de son stress. Quand il sent que son alarme intérieure se déclenche, il fait tout ce qui est en son pouvoir pour réduire le risque de devoir affronter un plus grand stress ou conflit en se dérobant. Sa stratégie est simple: éviter et fuir. Adolescent, Sam trouvait stressants les conflits ou la menace de conflits avec ses pairs. C'est pourquoi il ne pratiquait pas de sport d'équipe, n'avait pas de petite amie et ne participait pas aux activités sociales. Il se plongeait dans son travail scolaire et passait des heures à faire ses devoirs. Il est devenu un excellent élève et a obtenu son diplôme d'études secondaires avec une moyenne de 93 pour cent.

Sam n'obtenait que des A à l'école secondaire et il a continué sur sa lancée dans ses études postsecondaires, où il a décroché un B. Sc. en ingénierie et une maîtrise en génie informatique. Ses professeurs appréciaient toujours Sam. Il était l'étudiant modèle:

toujours à l'heure, il faisait son travail et n'était pas accaparant. Sam ne se plaignait jamais et demandait rarement quoi que ce soit. Il excellait dans ses études: elles étaient sa priorité absolue. Sam savait aussi qu'il était bon étudiant. C'est ce qui lui permettait de tenir le coup.

Dans la vingtaine et au début de la trentaine, Sam a eu au fil des ans quelques rendez-vous après avoir été invité à sortir par une adorable jeune femme. Mais ça n'a plus été le cas récemment. Son dernier rendez-vous amoureux remonte à sept ans. Jusqu'à ce jour, Sam trouve accablant de devoir faire face aux attentes et aux exigences d'une autre personne. L'idée même lui est insupportable. Il voudrait qu'il en soit autrement, mais il a accepté qu'être seul est plus facile, moins complexe et moins stressant. Il a manifestement le profil d'un introverti et d'un solitaire. Il a aussi abandonné l'idée que quelqu'un puisse vouloir être avec lui ou l'aimer tel qu'il est.

Sam a décroché cet emploi juste après avoir obtenu son diplôme à 26 ans, même s'il a eu quelques postes à temps partiel avant d'obtenir ce poste à temps plein. Même après des années d'expérience professionnelle positive dans le domaine informatique, il manque d'assurance pour s'opposer à son supérieur et pour croire qu'il pourrait avoir une carrière plus satisfaisante. Du coup, il se sent pris au piège dans son travail. Il pense que personne ne l'engagerait et qu'il vaut mieux ne pas forcer la chance. Pour autant qu'il s'en souvienne, ces 16 dernières années, il s'est senti malheureux 90 pour cent du temps.

Sam a appris qu'il était primordial pour lui d'emprunter le chemin le moins risqué. Il continue à éviter les gens et les lieux.

Deux ans après son entrée en fonctions, Sam a commencé à se sentir pris au piège. À 42 ans, il en est toujours là.

Pour échapper à la souffrance de se sentir piégé dans un boulot où il se sent désemparé, Sam s'est mis à utiliser la nourriture comme moyen de faire face au stress professionnel. Il a adopté un comportement préjudiciable à sa santé: il mange le soir pour soulager ses symptômes émotionnels. C'est ainsi qu'a commencé sa crise d'adaptation.

Une crise d'adaptation survient quand les ressources internes d'une personne ne sont pas suffisantes pour lui permettre de gérer les exigences qu'elle s'impose ou que la vie lui impose. Plus cette crise se prolonge, plus il y a de risque de développer une maladie chronique, comme une maladie mentale.

La plus grande partie de sa vie, Sam s'est senti dans une situation de stress chronique, incapable d'obtenir ce qu'il voulait vraiment. Il voudrait avoir une relation amoureuse, avoir des amis et apprécier la compagnie des gens qui l'entourent, mais, faute de moyens pour faire face à tous les défis qu'il perçoit dans la vie, il n'y parvient pas.

Même si son supérieur ne le lui dit pas, l'employeur de Sam apprécie son talent et sa conscience professionnelle. Il sait que Sam est son atout pour résoudre les problèmes complexes d'ingénierie informatique. Les défauts de caractère du supérieur de Sam apparaissent clairement quand celui-ci se dit convaincu que Sam manque d'assurance et quand il dit que le bonheur de Sam ne le regarde pas, qu'il est son chef, pas son thérapeute. Il n'a pour ainsi dire aucune empathie pour Sam. Un observateur extérieur pourrait dire qu'il traite Sam comme une machine plus que comme une personne qui a des sentiments et des besoins.

Son supérieur sait que Sam fait presque chaque jour le travail de trois personnes. Ça ne le dérange pas de voir Sam produire un gros effort discrétionnaire jour après jour et il n'éprouve aucun besoin de lui manifester de la reconnaissance. Par ailleurs, la santé de Sam l'intéresse peu ou pas. Quand Sam est en congé de maladie ou qu'il va à un de ses nombreux rendez-vous médicaux, il ne lui pose jamais de questions. Il agit comme s'il était entendu que Sam rattrapera le temps perdu.

Il faut admettre que Sam ne se plaint jamais de son supérieur. C'est quelqu'un de réservé et il n'exprime pas ses sentiments personnels. Il ne se plaint jamais de sa vie auprès de quiconque si ce n'est de lui-même et il ne s'est jamais opposé aux exigences de son supérieur. Il travaille chaque jour aussi dur qu'il le peut. Le seul signe que quelque chose ne va peut-être pas est sa santé qui se détériore. Son employeur ne sait pas ce que Sam pense ou ressent, probablement parce que personne ne le lui demande, et son supérieur n'a jamais essayé de s'intéresser à Sam sur le plan personnel: il ne fait aucun cas de lui. Sam et son supérieur travaillent ensemble depuis le début. Depuis 16 ans, en venant au travail tous les jours, Sam endure un supérieur qui ne l'inspire pas et en qui il n'a aucune confiance.

Vu les absences de Sam pour se rendre à des rendez-vous médicaux, son supérieur sait que celui-ci a quelques problèmes de santé. Il sait aussi qu'il règne un climat de bonne entente superficielle entre Sam et ses collègues, mais que Sam n'a noué aucune relation étroite; il est vu comme un solitaire. La démarche de Sam dans la vie est d'être discret et agréable et de suivre les instructions. Il ne montre aucune émotion. Par exemple, son supérieur ne sait pas que Sam ne le respecte pas, n'a pas confiance en lui et ne l'aime pas. Les collègues de Sam semblent n'avoir aucun problème avec lui et ils le traitent avec respect; ils connaissent tous son expertise en informatique et savent qu'il n'a pas son égal pour résoudre les problèmes. Pourtant, personne ne s'est rapproché de Sam. On le considère comme un type bien, mais aussi un reclus qui veut qu'on le laisse tranquille. La plupart de ses collègues savent qu'il est diabétique, parce qu'ils le voient faire des tests sanguins et prendre de l'insuline au travail.

Ce que le supérieur et les collègues de Sam ignorent, c'est le nombre d'heures que Sam passe à éprouver du regret et à penser à son travail: combien il se sent seul et combien sa situation sociale actuelle le ronge. Certains de ses collègues éprouveraient vraisemblablement de l'empathie pour Sam s'ils savaient que celui-ci veut davantage de contacts sociaux. Sam est silencieusement plongé dans une crise d'adaptation.

Malheureusement, le cas de Sam n'a rien d'exceptionnel. De nombreux adultes ont du mal à trouver la paix et le bonheur et à échapper à la solitude. La cause fondamentale des défis auxquels se heurte Sam au travail et à la maison est son manque d'aptitude à faire face. Il vit une crise d'adaptation.

Le chapitre suivant présente les capacités d'adaptation.

CHAPITRE 2

Capacités
d'adaptation

Que sont les capacités d'adaptation? Les capacités d'adaptation
sont salutaires pour l'organisme au même titre que la forme
physique. Ainsi, la forme physique peut se mesurer à la force, à
l'endurance et à la vitesse. Le degré de forme physique détermine
la capacité d'une personne à effectuer une tâche physique à la
demande. Les athlètes qui se spécialisent et s'exercent à courir le
100 mètres en compétition s'entraînent pendant des années pour
réussir un sprint en dix secondes ou moins. Ils comprennent que,
pour eux, le succès passe par des performances à la demande: ils
actionnent un interrupteur, réagissent et réalisent une performance au signal du starter. Le coup de feu du pistolet de départ
est le signal qui indique au coureur qu'il doit mobiliser toutes les
ressources de son organisme pour réaliser une performance à la
hauteur de son potentiel. De nombreuses variables déterminent le
succès d'un sprinteur, comme le conditionnement, le patrimoine
génétique et l'entraînement.

Les capacités d'adaptation sont similaires; elles doivent être
disponibles à la demande, et l'environnement donne souvent le
signal du départ. Pensez au moment où Sam était aux feux de
signalisation et que quelqu'un a klaxonné derrière lui. Le klaxon

est le pistolet de départ. Le moment qui sépare le coup de klaxon et la décision de ne pas envoyer promener le conducteur du 4x4 mais de s'engager prudemment dans le carrefour est l'instant où les capacités d'adaptation jouent un rôle important. Les capacités d'adaptation de Sam ont eu une influence sur sa réaction à ce moment-là et sur ce qu'il a fait ensuite. Comme nous le verrons, dans le cas de Sam, la réaction immédiate n'est pas le plus grand facteur de risque, c'est ce qu'il fait ensuite pour supporter le fardeau et le stress qu'il perçoit.

En substance, les capacités d'adaptation sont les instruments qu'une personne a pour gérer ses interactions avec le monde. Comme le coureur, plus elle s'entraîne et s'exerce, plus la probabilité est grande qu'elle réalise des performances à la hauteur de son plein potentiel.

L'adaptation peut être influencée par la personnalité, qui influe sur la perception et les filtres au travers desquels on voit le monde. En général, les introvertis et les extrovertis ont une préférence quand il s'agit de recharger leurs batteries avec ou sans les autres. Cette préférence peut influencer leur comportement. Il n'est pas rare pour un introverti de vouloir s'éloigner des autres pour avoir du temps à lui, alors qu'un extroverti cherche le contact des autres pour recharger ses batteries. Ceci n'est qu'un exemple de l'influence que la personnalité peut avoir sur l'adaptation et les interactions avec l'environnement. Le défi, c'est qu'il est difficile de changer de personnalité. Les tentatives en ce sens sont souvent inefficaces. On peut avoir conscience de sa personnalité et agir pour modifier son comportement. Si son travail l'exige, un introverti peut s'efforcer de passer plus de temps avec les autres qu'il ne le voudrait.

Les capacités d'adaptation peuvent s'acquérir

Quand Sam se trouve devant ce qu'il perçoit comme un défi dans la vie (p. ex. envisager une discussion avec son supérieur le lendemain), il passe automatiquement à ce qu'on appelle l'évaluation secondaire[1]. À l'évaluation secondaire, Sam commence à rassembler les ressources psychologiques, sociales, temporelles et physiques dont il dispose pour faire face à la situation. Une fois qu'il a terminé l'évaluation de cet inventaire, il lui reste à faire un choix et à décider quoi faire ou ne pas faire face au facteur de stress externe considéré.

De nombreuses personnes dont les capacités d'adaptation ne sont pas suffisamment développées tombent sous le contrôle de leur environnement. Un stimulus provenant de l'environnement,

« Invariablement, les données nous montrent que ce sont les gens comme Sam qui entraînent les coûts d'assurance collective les plus élevés. Il n'est pas surprenant que les organisations qui investissent dans des programmes de bien-être veuillent atteindre les Sam de ce monde parmi leurs assurés. Mais, malgré les mesures pour inciter à participer, les initiatives créatives en matière de santé et l'éducation offerte, ces employeurs sont frustrés parce que ces personnes se laissent rarement convaincre de participer. Peut-être les programmes de bien-être ne se concentrent-ils pas sur l'intervention qui convient pour les gens dans la situation de Sam? En l'absence d'une résolution de la crise d'adaptation de Sam, celui-ci risque de ne pas avoir l'initiative ou la capacité de changer des comportements dans son mode de vie pour améliorer sa santé. »
~Rochelle Morandini, B. Com, MBA, associée,
co-leader des Services-conseils en santé pour le Canada chez Morneau Shepell

comme un coup de klaxon, est perçu comme ce qui motive les actes. Par exemple, Jacques est plus agressif que Sam. Si Jacques était dans la même situation que Sam dans la circulation, contrarié par des coups de klaxon, il passerait probablement du calme à la rage en quelques secondes. Il rejetterait aussi sur l'autre conducteur la responsabilité de cet accès de colère.

La psychologie et les neurosciences d'aujourd'hui nous apprennent que les êtres humains peuvent être influencés, mais pas contrôlés. La gestion des facteurs de stress dans la vie est un facteur prédictif déterminant de la santé future.

Les personnes en crise d'adaptation ne sont peut-être pas toutes comme Sam, mais nombre d'entre elles partagent avec lui des habitudes d'adaptation malsaines. Les gens qui n'ont jamais développé de capacités d'adaptation sont livrés à eux-mêmes lorsqu'il s'agit de trouver le moyen de faire face aux défis que la vie leur réserve. Les capacités d'adaptation sont les capacités intrapersonnelles internes sur lesquelles on s'appuie pour se gérer soi-même face aux défis provenant de l'environnement. Elles peuvent s'acquérir; il est possible d'enseigner à quelqu'un à faire face efficacement aux défis de la vie.

Les personnes qui ont du mal à faire face cherchent souvent des échappatoires. Sam opte pour l'isolement social, le grignotage nocturne, la télévision, Internet et le sommeil. Sans forcément l'exprimer ainsi, Sam s'efforce par ces comportements de s'éloigner du stress, de se sentir mieux et de se sentir en sécurité.

Sam est intelligent et il sait que la solitude fait partie de son problème. Il en est au point où ses défis dans la vie et ses mécanismes d'adaptation sont devenus des habitudes et où il enclenche automatiquement ce mode de protection. Son dialogue interne est désemparé. Il se croit malheureusement pris au piège et croit que le cours de son existence et son destin sont tracés. Ce que nous pensons et croyons devient notre réalité. Sam crée sa réalité chaque jour par ses croyances, ses pensées et ses actes. Il ne se rend pas compte que l'histoire qu'il se raconte est celle que croit son esprit. C'est un des formidables malentendus pour beaucoup de gens comme Sam. Ils ne se rendent pas compte qu'ils écrivent leur propre histoire; ils pensent que des facteurs extérieurs en sont les causes. Mais, en réalité, la plume est entre leurs mains. Sam n'a jamais appris comment faire face efficacement au conflit et au stress personnel et professionnel.

L'apprentissage de l'adaptation ne dépend pas simplement du patrimoine génétique ou de la personnalité. Les capacités d'adaptation sont influencées par les occasions qui se présentent et les expériences grâce auxquelles on apprend à faire face à une situation et à la gérer. Elles sont des aptitudes comme les autres. Elles dépendent de ce qu'on a appris, maîtrisé et mis en pratique. Il y a des exceptions à cette règle.

> Connaissez-vous quelqu'un comme Sam?
>
> À première vue, vous paraît-il raisonnable de considérer que Sam est plongé dans une crise d'adaptation?

Chez les personnes qui ont des problèmes de santé mentale comme le trouble bipolaire, le patrimoine génétique joue un rôle majeur dans les capacités d'interaction, d'assimilation et d'adaptation face à l'environnement. Dans le cas de Sam, il n'y a pas de particularité génétique; ses problèmes trouvent leur origine dans des choix psychosociaux.

Le défi pour les gens comme Sam est de prendre conscience, de considérer et d'accepter que leurs actes déterminent le cours de leur existence et que, s'ils n'apprennent pas à gérer leur vie plus efficacement, le dénouement sera tel qu'ils l'ont écrit. Pour d'innombrables personnes, ce n'est pas une fin heureuse.

Capacités d'adaptation lacunaires

Les capacités d'adaptation ne procèdent pas simplement du bon sens. Comme toute autre aptitude, elles doivent être apprises et continuellement mises en pratique. Beaucoup d'adultes ont des capacités d'adaptation lacunaires parce que, au fond, ils n'ont jamais eu l'occasion, formelle ou informelle, de se concentrer sur le développement de ces capacités et de les mettre en pratique. Peut-être qu'aucune compétence de vie n'est plus importante pour l'être humain que les capacités d'adaptation. Elles sont sans doute aussi fondamentales que les maths et le français, mais le système d'éducation ne leur accorde pas autant d'attention ni la même priorité.

Les personnes qui changent leur vie en suivant une thérapie cognitivo-comportementale ou grâce à un groupe d'entraide comme les Alcooliques anonymes réussissent parce qu'elles s'efforcent de développer leurs capacités d'adaptation pour mieux gérer leur vie. Pour beaucoup, c'est une expérience qui change la vie. Pourquoi? Ces personnes acquièrent un nouvel éventail de compétences à mettre en œuvre dans leur vie pour que les facteurs de stress, déclencheurs et événements négatifs ne leur causent plus la même contrariété. Elles ont acquis les compétences nécessaires pour vivre une vie saine. Imaginez combien d'épreuves ces personnes auraient peut-être évitées si elles avaient acquis ces compétences avant de perdre pied dans la vie.

Sans apprentissage, encadrement et entraînement adéquats, il ne peut y avoir de maîtrise des capacités d'adaptation. Le risque est grand de vivre une crise d'adaptation, comme Sam. Dans la plupart des secteurs d'activité, la règle des dix années est communément acceptée: il faut en général dix ans pour maîtriser une compétence. Avec de la motivation, il ne faut pas toujours dix ans pour maîtriser l'adaptation, mais cela exige néanmoins de la détermination.

Comme avec toute compétence, la maîtrise augmente avec de la pratique et de l'expérience. Les capacités d'adaptation nous aident à calmer et à contrôler les émotions puissantes qui naissent quand nous avons peur ou que nous sommes stressés ou accablés. La figure 2-1 donne un aperçu visuel d'un modèle théorique que

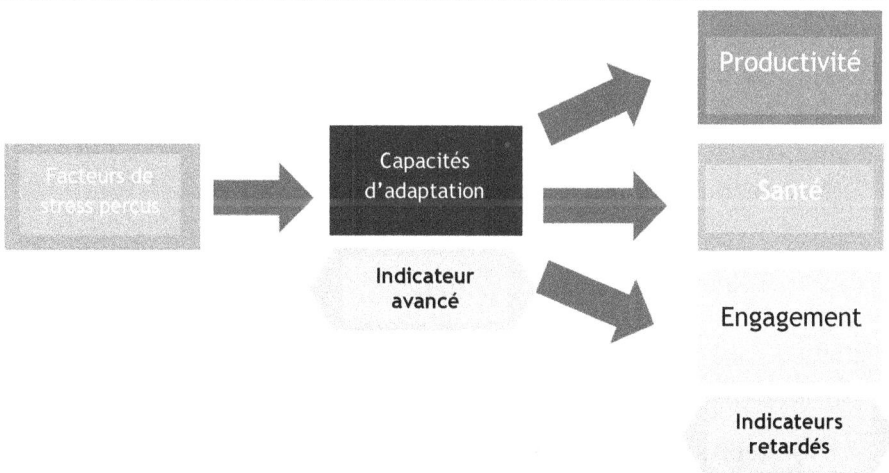

Figure 2-1 – Indicateur avancé des capacités d'adaptation

j'ai utilisé pour donner forme à mes recherches sur la qualité de vie au travail[2]. La thèse de ce modèle est que les gens qui ont des capacités d'adaptation plus développées ont moins de risques d'avoir des problèmes de santé. Ces personnes s'impliquent également plus au travail. Ce modèle explique pourquoi Jacques et Julie, qui n'ont ni l'un ni l'autre un problème de santé mentale d'origine génétique, qui ont le même lieu de travail, le même supérieur, le même horaire et la même formation, se mettent au fil des ans à choisir des moyens différents de faire face au travail. Jacques rentre chez lui et adopte des comportements préjudiciables à sa santé, tandis que Julie s'occupe de sa famille, pratique des activités salutaires comme l'exercice physique et nourrit sa passion pour la musique: elle chante dans la chorale de son quartier et entraîne l'équipe de hockey de sa fille. La différence entre les deux réside dans leurs capacités d'adaptation.

Tous les employés sont exposés à des facteurs de stress au travail. Leurs moyens d'y faire face sont prédictifs de leur engagement, de leur santé et de leur productivité. Il faut noter que les employés comme Sam qui, à première vue, semblent s'impliquer énormément dans leur travail sont presque littéralement en train de mourir intérieurement.

Nos recherches dans le cadre de l'étude Your Life at Work[3] du *Globe and Mail* ont mis en évidence que les capacités d'adaptation sont un indicateur avancé prédictif du niveau d'engagement au travail et de la santé des employés. Plus les employés ont des capacités d'adaptation développées, plus la probabilité est élevée qu'ils soient satisfaits de leur situation dans la vie. Cette étude a confirmé l'importance des capacités d'adaptation pour réduire le risque de maladie chronique, dont les maladies mentales. Les résultats de ces recherches nous ont amené à nous demander si nous posions les bonnes questions face à la progression des problèmes de santé mentale.

Avons-nous une crise de la santé mentale ou une crise des capacités d'adaptation? Mes recherches et mon expérience professionnelle m'ont conduit à penser qu'il s'agit d'une crise des capacités d'adaptation et qu'un des principaux moteurs de l'augmentation des maladies mentales est le manque de capacités d'adaptation. Des capacités d'adaptation lacunaires et une réaction inefficace aux facteurs de stress constituent un risque pour l'état de santé général.

Ce livre trouve sa motivation dans près de trente années de travail clinique. Je crois qu'il y a beaucoup de gens comme Sam qui sont plongés dans une crise d'adaptation et qu'ils sont nombreux à l'ignorer tant que les symptômes du stress ne sont pas apparents. J'ai constaté dans mon travail que ces personnes peuvent mener une vie meilleure en développant des capacités d'adaptation. Il faut toutefois qu'elles

> Une question intéressante que j'ai posée lors de discussions avec direction et employés:
> « Avons-nous une crise de la santé mentale ou une crise des capacités d'adaptation? »

fassent preuve d'ouverture et se montrent disposées à faire l'effort nécessaire. Le dépassement de la culpabilité associée à de faibles capacités d'adaptation est souvent une étape nécessaire pour aider quelqu'un à avancer. Une stratégie qui semble utile à beaucoup est la normalisation: leurs choix n'ont rien d'exceptionnel et ils ne sont pas seuls. Cela n'excuse pas le choix considéré; c'est un simple fait. De nombreuses personnes ont fait des choix peu judicieux en essayant de faire face à la vie. La compréhension de cette réalité ouvre une possibilité d'entamer une nouvelle conversation.

Quand une personne peut commencer à adopter ce point de vue, elle est disposée à apprendre et à découvrir ce qu'elle peut améliorer pour faire face aux défis qu'elle rencontre dans la vie.

L'histoire de Sam vous donne l'occasion de découvrir comment créer une nouvelle voie pour mieux faire face aux défis de la vie. Comme pour la plupart des choses qui comptent dans la vie, il n'y a pas vraiment de raccourci. Au début du parcours de développement des capacités d'adaptation, il est utile de démystifier l'adaptation.

Peut-être vous reconnaissez-vous dans Sam; peut-être connaissez-vous quelqu'un comme lui.

Prendre sa vie en main commence par une prise de conscience et par l'acceptation de la responsabilité de ses choix de vie et de ses actes. Chaque chapitre de ce livre est une composante dans la construction d'un tout. Le chapitre suivant définit la santé mentale pour faciliter la conversation sur la crise d'adaptation et la santé mentale.

CHAPITRE 3

L'oeuf ou la poule

Un mardi matin, Sam est pris dans un processus qui perturbe sa routine au réveil. Il se réveille en général à 6 h, prend un café, s'assied seul à la table de la cuisine et lit tranquillement le journal du matin avant de prendre sa douche. Ce matin-là, une idée radicale lui traverse l'esprit: « *À quoi bon? Reste au lit une demi-heure de plus.* » Déconcerté par cette pensée automatique, Sam se demande pourquoi il se priverait de la lecture du journal. C'est comme s'il menait activement deux conversations en même temps. La métaphore de l'ange et du démon sur ses épaules, chacun défendant un point de vue différent, rend bien ce qui se passe dans sa tête.

Sam se sent maintenant stressé par l'idée de rester au lit comme par celle de faire ce qu'il fait d'ordinaire tous les matins. Il est dans l'impasse. Ce qui était une décision toute simple crée maintenant une dynamique interne contrariante.

Un petit diable sur mon épaule gauche et un ange sur la droite me disent tous deux quoi faire...
Je leur rappelle l'enfer que tu m'as fait traverser.
L'ange se tait...
~Inconnu

La dépression de Sam s'est aggravée au cours du mois dernier. Malgré les médicaments, il a eu davantage de périodes d'abattement et a éprouvé le besoin de dormir plus. Il a du mal à trouver l'énergie pour aller au travail. Les fins de semaine passent par pertes et profits; il passe le plus clair de son temps au lit. Ce matin, le fardeau du mal-être lui pèse de tout son poids. Il renonce, secoue la tête en retenant une larme, se retourne et reste au lit une demi-heure de plus, en sachant qu'il va devoir commencer sa journée dès le lever, sans journal, sans un moment de tranquillité. Sam pousse un profond soupir et ferme les yeux.

Sam renonce à une activité matinale à laquelle il prenait plaisir depuis des années. Ce qu'il ignore, c'est pourquoi. Pourquoi, ce matin, abandonne-t-il quelque chose qu'il apprécie? Pourquoi restreint-il son univers?

La crise d'adaptation et la santé mentale

Sam a maintenant un problème grave de santé mentale appelé dépression clinique. Souvent, les personnes qui ont une dépression clinique:

- se sentent désemparées et désespérées;

- n'ont plus d'intérêt pour les activités quotidiennes;

- se dénigrent elles-mêmes;

- prennent ou perdent du poids et ont des troubles du sommeil;

- adoptent des comportements imprudents pour échapper à la souffrance de la dépression;

- ont des difficultés de concentration;

- se sentent irritables;

- ont des idées qui les poussent à se demander si la vie vaut la peine d'être vécue.

La santé mentale est un sujet qui suscite de plus en plus d'attention dans le monde entier parce qu'elle est un défi pour la société et les entreprises. Elle est dynamique; une personne peut aller et venir sur le continuum du risque pour la santé mentale présenté à la figure 3-1 selon la manière dont elle fait face aux facteurs de stress dans sa vie.

La progression du bonheur au trouble mental illustre le déplacement typique sur ce continuum. Dans ce modèle, le mouvement va de gauche à droite et est progressif. Les problèmes de santé mentale peuvent souvent être rapportés à des antécédents de facteurs de stress cumulatifs dans la vie. Avoir une maladie mentale, c'est remplir — de l'avis d'un professionnel qualifié et reconnu (p. ex. médecin ou psychologue) — les critères diagnostiques d'un trouble mental donné.

Une partie des maladies mentales sont dues directement à des facteurs génétiques, comme des problèmes touchant les neuro-transmetteurs et la structure cérébrale. La schizophrénie et le trouble bipolaire sont des maladies graves. Le développement de

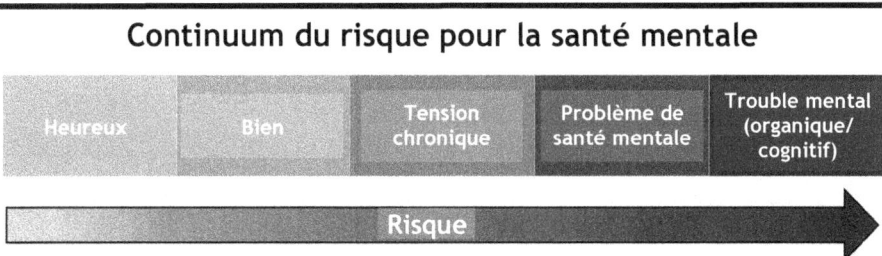

Continuum du risque pour la santé mentale

| Heureux | Bien | Tension chronique | Problème de santé mentale | Trouble mental (organique/ cognitif) |

Risque

Figure 3-1 — **Continuum du risque pour la santé mentale**

capacités d'adaptation peut être bénéfique aux patients concernés, mais les capacités d'adaptation à elles seules n'apportent pas la qualité de vie nécessaire pour gérer ces maladies. Pour ces patients, une aide médicale professionnelle définit et détermine le rôle et la valeur de psychotropes. Une personne qui développe une maladie mentale à cause de facteurs de stress psychosociaux (p. ex. stress professionnel chronique, stress dans les relations) subit en général une détérioration progressive de sa santé mentale. Certaines exceptions qui peuvent accélérer l'apparition de la maladie mentale et qui sont sans lien avec le patrimoine génétique sont les traumatismes graves susceptibles d'entraîner un stress post -traumatique ou une lésion cérébrale.

Sam était dans une crise d'adaptation avant de développer une dépression. Cette crise a entraîné un risque pour sa santé mentale qui a fini par se matérialiser dans le développement d'un problème de santé mentale.

La thèse principale de *La crise d'adaptation* est que des lacunes dans les capacités d'adaptation jouent un rôle majeur dans l'augmentation des maladies mentales. La raison pour laquelle ces lacunes se font sentir aujourd'hui est une autre question. Le monde a changé et la vie dans un contexte mondial, en étant connecté 24 heures sur 24, sept jours sur sept, crée un stress d'une nouvelle magnitude.

Il serait incorrect d'inférer que les lacunes dans les capacités d'adaptation sont à elles seules à l'origine des problèmes de santé mentale. Néanmoins, je suis convaincu qu'elles permettent d'en expliquer une proportion considérable qui justifie les discussions sur le développement des capacités d'adaptation et la valorisation de cette démarche. Si moins de gens étaient plongés dans une crise d'adaptation, il y aurait moins de gens comme Sam.

La maladie mentale peut être la conséquence de capacités d'adaptation inefficaces, mais il est important de souligner que je ne veux en aucun cas laisser entendre que tous les problèmes de santé mentale sont le résultat de capacités d'adaptation lacunaires. Une conversation de plus en plus nourrie s'engage autour de la santé mentale et de son impact. Dans les trente prochaines années, le coût cumulatif des traitements, des soins et des services d'accompagnement en matière de santé mentale au Canada devrait dépasser les 2,5 billions — billions et non milliards — de dollars[4]. Ces chiffres laissent penser que, avec un Canadien sur cinq atteint d'un problème de santé mentale, les coûts et risques y afférents vont croissant pour les entreprises.

Aujourd'hui, les chefs d'entreprise s'intéressent davantage à la santé mentale et au risque potentiel qui y est lié pour les employés et les employeurs, mais il reste beaucoup à faire dans ce domaine. Gardez à l'esprit que nous parlons de savoir-faire physique (c.-à-d. des bienfaits de l'exercice physique) depuis une centaine d'années et que, malgré la promotion et l'accent mis aujourd'hui sur la santé physique, l'obésité reste un problème de santé majeur.

On consacre davantage d'attention et d'énergie à la santé mentale. Elle commence à apparaître sur les écrans radars des cadres supérieurs qui voient depuis des années les avantages de la santé physique. Par conséquent, de nombreuses organisations financent et soutiennent des initiatives de bien-être des employés dans des domaines comme la biométrie, les défis d'activité physique, les programmes d'aide aux employés et à leur famille qui proposent un entraînement de remise en forme et les comités de bien-être qui éduquent le personnel à la santé totale. Malgré cette attention, en moyenne, la forme globale des employés n'atteint pas les niveaux que voudraient voir la plupart des cadres supérieurs.

Certaines des leçons qu'on peut tirer des efforts déployés par les employeurs pour améliorer le savoir-faire en matière de santé physique peuvent être mises à profit pour enrayer les maladies mentales. La première est que changer et influencer le comportement humain est difficile et peut exiger beaucoup plus d'efforts, d'argent et de temps que prévu. Les cadres supérieurs découvrent que le coût de l'inaction devant le nombre grandissant d'employés touchés par le stress ou les problèmes de santé mentale va croissant.

Au Canada, 78 pour cent des demandes d'indemnités pour incapacité de courte durée et 67 pour cent des demandes d'indemnités pour incapacité de longue durée[5] sont dues à des maladies mentales. Pour les employeurs, les enjeux gagnent en importance et aucun changement majeur ne se dessine. De l'avis général, les problèmes de santé mentale vont continuer à prendre de l'ampleur. Les cadres supérieurs posent maintenant davantage la question du pourquoi. Par conséquent, une plus grande attention et des efforts plus nombreux sont consacrés à enrayer les maladies mentales. Un des premiers constats, déjà mentionné plus haut, est le rôle que peuvent jouer les capacités d'adaptation pour réduire le risque que les facteurs de stress psychosociaux soient à l'origine de problèmes de santé mentale, voire d'une maladie mentale.

Des capacités d'adaptation lacunaires sont peut-être une des raisons pour lesquelles de nombreuses personnes sont incapables d'entretenir leur condition physique. La santé mentale est peut-être un précurseur pour créer l'autodiscipline nécessaire pour prendre soin de sa santé. À première vue, il paraît logique qu'une personne qui subit beaucoup de stress et qui a du mal à y faire face ne se tourne pas naturellement vers la pratique d'une activité physique comme moyen d'adaptation. Pour beaucoup, l'activité physique et la santé passent par la discipline d'instaurer les habitudes nécessaires pour intégrer ce type d'activité dans la vie quotidienne. Mon premier diplôme était en éducation physique. Il y a de nombreuses années, nous enseignions le lien entre l'esprit et le corps. Le corps est tributaire d'un esprit sain tout comme un esprit sain est tributaire d'un corps sain. Par conséquent, il pourrait exister un consensus fort pour s'intéresser aux avantages de l'exercice et de l'activité physiques pour aider à mieux faire face aux exigences de la vie.

Le tableau 3-3 — Au-delà de l'engagement: profil de risque pour la santé mentale[6] a été conçu pour donner aux personnes comme Sam un retour d'informations en temps réel sur leur niveau de stress, d'adaptation, d'engagement et de santé. Le but est de contribuer à la prise de conscience, à la responsabilisation et à l'action des employés pour qu'ils prennent en main leur santé mentale. La manière de faire face à ce qui est perçu comme des facteurs de stress négatifs joue un rôle important quand il s'agit de prédire la capacité générale de vivre une vie saine et épanouissante.

Tableau 3-3 — Au-delà de l'engagement: profil de risque pour la santé mentale

Lisez les cinq catégories qui définissent le continuum de la santé mentale, puis prenez un moment de réflexion et répondez à la question suivante. **Au cours d'une journée typique, dans quelle catégorie passez-vous 85 pour cent de votre temps?**

Catégorie de santé mentale actuelle	Description de chaque catégorie
Santé mentale optimale	• Présentation positive de sa personne • Aime en général avoir des comportements sociaux (exercice physique, communauté, etc.) • Énergie et dynamisme évidents; se présente au monde sous un jour positif • Capacités d'adaptation cognitives établies pour gérer et concilier les défis de la vie personnelle et du travail
Santé mentale fonction-nelle	• Se présente comme satisfait et a, en effet, des moments de bonheur • A l'autodiscipline nécessaire pour tenir jusqu'à la fin de la journée; vit sa vie au jour le jour toute la semaine • La plupart du temps, a assez d'énergie pour tenir jusqu'à la fin de la journée • Est capable de faire face la plupart du temps, mais a souvent un script qui s'exécute
Santé mentale mise à l'épreuve	• Ressent de la pression qui se libère souvent lors des changements de milieu (p. ex. en quittant le travail) • Le stress est souvent situationnel (p. ex. conflit avec un pair); peut se sentir bien à l'écart du stress. Trouve pénible d'être à proximité de facteurs de stress • Fatigue accrue (mentale et physique) • Perd des habitudes de santé et a du mal à faire face. Dans certaines situations, peut afficher moins d'assurance que ce qu'un observateur extérieur pourrait attendre
Santé mentale menacée	• Lutte intérieure; dialogue interne pour trouver des options susceptibles d'apporter un soulagement • Symptômes qui commencent à avoir un impact négatif chronique sur la qualité de vie, le bonheur et la santé • Difficulté à se remettre des événements stressants; fréquent repli sur soi-même. Accentuation des symptômes, stress • Peut se voir prescrire des psychotropes pour faire face à l'anxiété ou à la dépression, ou des somnifères • Parfois, automédication pour faire face au stress de la vie
Maladie mentale (organique/ psychoso-ciale)	• Inné ou acquis: certaines personnes ont un patrimoine génétique qui les prédispose à un problème de santé mentale, d'autres développent un tel problème; les parcours sont multiples • Symptômes chroniques à gérer, risque accru que la personne se fasse du mal ou fasse du mal à d'autres • À ce stade, il n'est pas rare qu'une intervention médicale soit requise pour aider la personne à gérer ses symptômes (p. ex. dépression, anxiété) • A potentiellement beaucoup à gagner du développement de stratégies d'adaptation pour pouvoir fonctionner à son plein potentiel dans la société

Quand le stress n'est pas correctement pris en main, une personne peut se sentir impuissante et victime. Le stress attaque l'esprit et le corps. Son impact à long terme dépend de sa fréquence, de sa durée et de son intensité. La manière de faire face détermine l'impact du stress sur l'esprit et le corps. Si une crise d'adaptation n'est pas résolue, elle peut conduire à un problème de santé mentale.

Une des clés pour endiguer la crise d'adaptation actuelle est de faire découvrir aux gens comme Sam que la décision finale quant à la définition et au vécu de leur existence leur appartient. Un point essentiel pour aider quelqu'un à faire cette transition est de lui faire prendre conscience du lien entre ses

> Selon vous, pourquoi les problèmes de santé mentale sont-ils en hausse?
> Que se passe-t-il?

pensées actuelles et sa santé physique et psychologique. Sam n'a pas conscience d'être passé d'un état de santé mentale fonctionnelle à une dépression et il ignore que ses pensées ont influencé son état physique général.

Sam s'est déplacé sur le continuum de la santé mentale et, faute de connaissances et de compétences pour faire face, il a finalement été incapable d'enrayer la progression entre le risque pour la santé mentale dû à un stress chronique au travail et dans la vie, et le développement d'une maladie mentale.

Suicide

Les personnes comme Sam ont un profil de risque élevé de suicide. Sam a toutes les caractéristiques de quelqu'un qui, si sa vie ne s'améliore pas, pourrait en arriver au point où il ne veut plus continuer. Quarante-neuf pour cent des hommes canadiens qui se suicident ont entre 40 et 64 ans; c'est ce qu'on appelle « l'épidémie cachée[7] ».

Les conséquences pour Sam sont une dépression chronique et plusieurs maladies chroniques. Un élément insaisissable qu'il est impossible de verbaliser est le degré d'espoir nécessaire pour qu'une personne veuille continuer à vivre. Sans espoir, il existe un risque de suicide. La flamme qui brûle en chacun de nous peut briller de tout son éclat ou vaciller. La flamme de Sam ne brûle pas de tout son éclat, mais elle est encore là. Sinon, il aurait déjà renoncé. Être malheureux et vouloir vivre sont deux réalités différentes. Sam se sent malheureux, mais il veut vivre. Il n'a eu qu'un moment qui a mis cette décision à l'épreuve.

Il y a quelques années, un vendredi tard dans la soirée, Sam a eu un moment qui a mis à l'épreuve sa volonté de vivre ou de mourir. Il ne buvait presque jamais; il n'aimait pas le goût et savait qu'il devait limiter sa consommation d'alcool ou s'abstenir de boire pendant qu'il prenait des antidépresseurs. Il suivait toujours les règles et celle-ci ne faisait pas exception. Pour une raison quelconque, ce soir-là, Sam a quand même bu un demi-litre de rhum-cola, assis sur le balcon de son appartement. C'était une parfaite soirée d'automne au début d'octobre. Il contemplait la nuit baignée de la clarté de brillantes étoiles et de la pleine lune des moissons.

Comme il buvait rarement, Sam supportait mal le rhum. Vingt minutes plus tard, l'alcool l'assommait comme une brique.

Il était maintenant éméché et éprouvait un sentiment totalement nouveau pour lui. Son esprit était sens dessus dessous. Le prisme au travers duquel il voyait le monde changea et, ivre, il se mit à voir et à penser un peu différemment. Son inconscient le prit à partie et se mit à l'attaquer en l'accusant de faiblesse.

L'inconscient de Sam a commencé à produire des pensées automatiques: « *Pourquoi m'a-t-il fallu autant de temps pour lâcher prise, me détendre et prendre un verre? Pourquoi suis-je si tendu? Pourquoi rester assis ici tout seul? Pourquoi la vie est-elle si dure? Ne sois plus un perdant; c'est exactement ce qu'il faut pour s'amuser. Lâche prise et va dans un bar. Il est temps de trouver une femme. Arrête d'être seul.* »

L'inconscient de Sam a continué sans merci pendant une heure, mais Sam a résisté à toutes ses injonctions. Sa crainte de s'attirer des ennuis a pris le dessus, et son côté pratique est entré en action et a arrêté son inconscient qui, devant cette décision, a changé de tactique: « *D'accord, pas de divertissement. C'est parfait. Seul à nouveau. Pourquoi vivre s'il n'y a pas de joie? Tout le monde s'en fout; finis-en! La paix véritable n'existe que dans la mort.* » Ce message s'est immiscé dans le conscient de Sam et il s'est mis à accepter cette logique. Il a repassé dans son esprit l'histoire de sa souffrance et de ses regrets. Les sentiments qui y étaient associés ont jailli avec force et brutalité. Il se sentait mal, habité par un sentiment mêlant tristesse, colère et dépression.

Sam commençait à contempler une décision de vie ou de mort que j'appelle la « décision d'utopie ». C'est la conversation sur le sens de la vie ou de la mort. Elle repose entièrement sur l'espoir.

Quand il n'y a plus d'espoir, une puissante dissonance cognitive rationalise dans le cerveau conscient la valeur et les avantages de la mort et fait penser que la meilleure chose à faire est de mettre fin paisiblement à cette vie. Ce n'est pas toujours le cas. Devant un facteur de stress situationnel, certaines personnes décident sur le moment de s'enlever la vie. Les moyens de se suicider sont souvent violents: arme à feu ou pendaison, mais peuvent aussi être passifs, comme la prise de médicaments. La personne choisit une stratégie qui lui convient afin de pouvoir passer à l'acte.

La décision d'utopie est différente. Quelqu'un peut prendre la décision de mettre fin à ses jours et continuer à vivre normalement pendant deux semaines. Le choix de la mort est perçu comme facile, comme un saut, où la mort résulte de l'acte plutôt que de la personne. Il n'est pas nécessaire de planifier beaucoup; il suffit de choisir le lieu. L'important pour une personne prise au piège dans cette décision, c'est de savoir que celle-ci est aveuglante, comme une transe. Il y a toujours de l'espoir, mais, dans cet état, il ne resurgira pas sauf s'il vient de l'extérieur ou si la personne est interrompue, sort de sa transe et se rend compte qu'elle veut vivre.

Il est normal, devant un stress considérable, d'avoir une pensée automatique qui présente le suicide comme une option. En

Les avantages de meilleures capacités d'adaptation ne se limitent pas à la possibilité d'une meilleure prévention et d'une meilleure prise en main des défis en matière de santé mentale. Pour les personnes qui travaillent dans un cadre où le risque de blessure corporelle est élevé, le développement de solides capacités d'adaptation peut contribuer grandement à la prévention des blessures graves au travail.
~Conrad Ferguson, associé, Morneau Shepell

général, le cerveau conscient rejette rapidement cette idée. Une telle pensée ne veut pas dire qu'on est suicidaire; elle est le signe que le système créatif cherche activement une solution. Sous l'influence de l'alcool, le conscient de Sam s'est mis à considérer les suggestions de son inconscient. Il a permis à son esprit d'envisager le suicide comme une option viable et a pensé aux avantages de ne plus avoir de stress, de chef, de regret, de sentiment de solitude, etc. Quand il a réfléchi au moyen de passer à l'acte, son cerveau conscient s'est remis en marche à plein régime et a mis fin à ce raisonnement. Sam n'était pas sûr de lui, et l'idée de s'ôter la vie l'effrayait. Cette peur l'a aidé à reprendre ses esprits et à interrompre ce raisonnement. Il était secoué d'avoir autorisé son esprit à aller aussi loin.

Penser au suicide est une chose. Heureusement, il y a souvent un écart considérable entre les pensées suicidaires et le passage à l'acte. Quand quelqu'un se met à faire un plan et à se donner les moyens de l'exécuter et décide d'un moment et d'un lieu, le risque augmente, car l'écart diminue. À ce stade, le mode de décision d'utopie commence à se fixer. Il est fréquent qu'une personne dans ce mode poursuive sa vie pendant des jours, voire des semaines, sans que personne ne sache que quelque chose ne va pas. De l'extérieur, on a l'impression que la personne s'ôte ensuite soudainement la vie.

Ce que tout le monde ne sait peut-être pas, c'est que perdre espoir est une décision d'utopie. Une fois que la lueur s'éteint, la personne considère que mettre fin à ses jours est le meilleur moyen de faire face. À ce stade, tout espoir ou possibilité d'amélioration a disparu. La décision n'est pas rationnelle; elle est fondée sur la perte d'espoir du cerveau conscient. La flamme s'est éteinte, et l'avenir n'est plus que ténèbres et souffrance; pour ces personnes, le suicide est une excellente option pour trouver la paix. De nouveau, ce n'est pas une décision rationnelle, c'est l'esprit qui arrondit les angles. À moins que la situation soit découverte et qu'une intervention crée une étincelle d'espoir, ces personnes sont sur le pilote automatique, elles prennent les mesures qu'elles ont acceptées dans leur décision d'utopie jusqu'à leurs derniers instants.

La vie ou la mort est la décision finale de chacun. L'adaptation joue un rôle lorsqu'il s'agit de déterminer l'espoir qu'une personne stressée peut entretenir et jusqu'où elle ira pour trouver la paix. Pour tenir le coup, il faut accorder de la valeur à quelque chose: un espoir, un animal de compagnie, des amis, le travail, la famille ou l'acceptation de soi. Peu importe. L'important à cet instant est de trouver quelque chose qui compte. À ce moment-là, Sam s'est repris. Son conscient a peut-être vu du positif dans sa vie. Il a un travail et de l'argent.

C'est la seule fois où Sam a bu autant. C'est aussi la seule fois où il a pensé à en finir. Il n'a plus jamais bu et il n'a plus eu aucun moment comme celui-là. Cependant, il vit toujours un stress quotidien et, sans une solution, cette sombre soirée d'octobre pourrait se répéter.

> Qu'est-ce qui vient en premier? Les problèmes de santé mentale ou les capacités d'adaptation déficientes?

Pour quelqu'un comme Sam, il est bon de comprendre pourquoi et comment les capacités d'adaptation influencent le risque pour la santé mentale. Avant d'aboutir à une maladie mentale, un risque pour la santé mentale peut agir comme une grippe. Une personne peut se sentir mal et traverser des moments difficiles, puis, après un temps, commencer à se sentir mieux quand le stress a disparu. Le remède pour les gens comme Sam commence par une prise de conscience des moyens de mieux gérer les facteurs de stress externes et internes. Comme la grippe, si on n'y prend pas garde, un risque pour la santé mentale peut devenir très grave, voire fatal.

Les employeurs peuvent apporter une aide

Les employeurs peuvent prendre des mesures pour éliminer et réduire les facteurs de stress et les risques environnementaux, par exemple en s'engageant à éliminer l'intimidation, le harcèlement et la paperasserie inutile au travail. Ils peuvent nommer des directeurs qualifiés et compétents et s'attacher à établir des stratégies intégrées d'engagement des employés, de santé mentale et de respect en milieu de travail.

Les programmes d'aide aux employés et à leur famille ainsi que les programmes de développement des capacités d'adaptation favorisent l'acquisition de capacités d'adaptation qui réduisent le risque pour les employés et contribuent à maximiser la productivité. Mais, à elles seules, ces mesures ne suffisent pas. Pour qu'elles portent leurs fruits, il faut que chaque employé prenne ses responsabilités, soit disposé à développer ses capacités d'adaptation et ait la motivation pour cela. Les employés sont plus enclins à souscrire à un projet si la proposition leur semble avoir de la valeur et que les avantages directs pour eux leur semblent clairs.

La bonne nouvelle est que les capacités d'adaptation sont utiles tant au travail qu'à la maison. Une formation aux capacités d'adaptation est profitable à la plupart des employés qui ont du mal à faire face. Il faut souvent du temps pour apprendre à faire face parce qu'il faut agir sur des émotions, des croyances, des besoins, des désirs, des attentes et des facteurs de stress environnementaux.

Qu'est-ce qui vient en premier, la crise d'adaptation ou la maladie mentale? En dehors des cas de maladie mentale génétique, je crois que c'est la crise d'adaptation. Le continuum de la santé mentale donne un aperçu visuel des allers et retours sur l'échelle selon la réponse aux demandes du stress et à la persistance de ces demandes. Parfois, les situations changent et le stress peut sembler disparaître jusqu'au prochain déferlement.

Quand une personne comme Sam, qui n'a pas de problèmes organiques de santé mentale, est prise dans une crise d'adaptation, elle est exposée à un risque de problème de santé mentale si le stress subi n'est pas soulagé. Aujourd'hui, la société aide les personnes concernées en leur proposant ce qu'on appelle une psychothérapie. Des théoriciens de premier plan des sciences cognitives ont montré au monde, par des années de pratique clinique, que la psychothérapie peut aider quelqu'un à changer de vie et à apprendre à faire de meilleurs choix[8]. Cette thérapie favorise et développe les capacités d'adaptation. En me fondant sur mes recherches, je soutiens qu'il existe une corrélation étroite entre les capacités d'adaptation et le risque de problèmes de santé mentale.

Une personne qui ne demande pas d'aide et n'en accepte pas peut demeurer dans l'impasse, comme Sam qui n'a pas encore envisagé ni cherché de thérapie malgré la suggestion de son médecin. Il ne croit pas que parler de sa vie ou de ses choix puisse améliorer les choses. Il crée les règles qui gouvernent sa vie avec ce genre de raisonnement, et ces règles limitent son potentiel, comme en témoignent sa situation et sa santé actuelles.

La réalité, c'est aussi qu'il arrive que les gens comme Sam ne sachent même pas qu'ils ont besoin d'aide. Les employés qui reçoivent de leur employeur la possibilité de réaliser une autoévaluation de leurs capacités d'adaptation, de leur santé et de leurs habitudes de vie sont mieux placés pour demander de l'aide. Les employeurs qui offrent également de la formation aux capacités d'adaptation et qui donnent la possibilité aux employés comme Sam d'acquérir de nouvelles compétences peuvent également aider les Sam de ce monde qui ne se rendent même pas compte du risque qu'ils courent ni de la valeur de tels conseils pour transformer leurs choix de vie, leur santé et leur qualité de vie générale au travail et à la maison. Pour les personnes qui n'ont pas de facteurs de risque de santé mentale organiques (prédisposition génétique au trouble bipolaire, etc.) et qui sont plongées dans une crise d'adaptation, j'affirme que c'est un indicateur clé du risque de problèmes de santé mentale susceptibles d'évoluer jusqu'à la maladie mentale (comme les troubles de la dépendance, la dépression et l'anxiété).

Le chapitre suivant présente cinq défis de la vie qui peuvent être des sources de stress s'ils ne sont pas surmontés.

CHAPITRE 4

Cinq défis de la vie

Sam sort du lit et entame une fois encore la journée avec un sentiment de frustration. En dépit des heures qu'il a passées à réfléchir à sa vie, il n'a fait aucun progrès notable. Il prend sa douche, se prépare et prend le chemin du travail, qui n'est pas long en voiture. De nouveau, il s'interroge: « *Pourquoi ma vie est-elle si dure? Pourquoi ne peut-elle pas être plus facile?* ». Les gens qui ont du mal à faire face aux différents défis de la vie se posent souvent cette question.

Cinq défis courants de la vie qui influencent la perception globale moyenne de la satisfaction à l'égard de la vie à un instant donné sont: l'argent, le travail, les relations, l'estime de soi et la santé. Chacun de ces domaines peut être une source de stress.

Tous les jours, en allant travailler, Sam se sent désemparé. Il se sent silencieusement pris au piège et a peu d'espoir de voir les choses s'améliorer. L'impuissance acquise est un état psychologique qui fait intervenir des troubles de la motivation, des processus cognitifs et de l'émotivité en raison d'échecs antérieurs[9]. Pour des raisons qu'il ne comprend peut-être pas entièrement, Sam a pris le parti d'accepter sans résistance ni questions toutes les demandes, exigences et instructions de son supérieur. Par conséquent, les pensées de Sam ont des répercussions négatives sur son amour-propre, sa flexibilité cognitive et sa créativité. Cette impuissance et le manque de capacités d'adaptation ont entraîné un affaiblissement de son état émotionnel, qui a abouti à une dépression.

Le tableau 4-1 donne un aperçu de cinq défis de la vie que chaque être humain rencontre au cours de son existence. Imaginez que Sam n'a que dix unités cérébrales à consacrer chaque jour aux cinq défis de la vie. Les objets de son attention et de son énergie peuvent avoir un impact sur sa satisfaction générale dans la vie et sur sa santé. Sam consacre ses dix unités cérébrales à l'argent et au travail; il ne lui en reste aucune à consacrer à ses relations, à lui-même et à sa santé.

Avec du recul, compte tenu de la santé psychologique et physique globale de Sam, il n'est pas surprenant qu'il ait autant de problèmes. Quand on est dans une crise d'adaptation, on tend à concentrer son attention sur les facteurs de stress et à chercher des moyens d'y faire face. La manière de faire face de Sam n'est manifestement pas dans l'intérêt de sa santé à long terme.

Ce n'est pas un fait scientifique, mais il ressort empiriquement des commentaires de milliers de participants à mes ateliers sur divers sujets allant de la santé et du bien-être à la gestion du stress et à l'adaptation que nous consacrons en moyenne huit unités

La folie, c'est se comporter de la même manière et s'attendre à un résultat différent. ~Albert Einstein

Tableau 4-1 — Les cinq défis de la vie

Argent	Obtenir assez d'argent pour avoir le mode de vie qu'on définit comme acceptable. Pour gérer son argent, il est fondamental d'avoir des attentes réalistes et de vivre selon ses moyens. Il faut pour cela avoir un budget simple qui consigne les entrées et les sorties d'argent. La stabilité financière nécessite de l'attention pour gérer les dettes, les liquidités et la retraite.
Travail	La majorité des êtres humains ne naissent pas riches. Il s'ensuit qu'ils dépendent de leur travail pour financer leur mode de vie. Un travail qu'on fait dans le seul but de gagner de l'argent pour payer les factures est rarement épanouissant. Les gens qui ont un emploi qui leur donne envie d'aller au travail tous les jours, qui ont la conviction que ce qu'ils font est important et qui sont fiers de leur travail ont tendance à se sentir productifs et épanouis.
Relations	Tout être humain en bonne santé tire avantage de relations chaleureuses, saines et aimantes et désire de telles relations. Il y a différents types de relations: informelles, professionnelles et intimes. La plupart des gens veulent des relations sûres et saines dans chacune de ces trois catégories et s'attendent à les avoir. Nouer des relations demande du temps et de l'énergie.
Acceptation de soi	Se regarder dans un miroir et aimer ce qu'on y voit intérieurement et extérieurement détermine l'acceptation de soi, qui influence l'estime de soi et la foi en sa capacité d'atteindre ses objectifs et de satisfaire ses désirs dans la vie. L'opinion qu'une personne a d'elle-même influence ce dont elle se pense capable. Les capacités d'adaptation sont des outils qu'on peut utiliser pour relever les défis de la vie. Elles comprennent l'auto-efficacité, la foi en sa propre capacité à obtenir un résultat donné.
Santé	Dès le jour de sa naissance, l'être humain suit un parcours qui a une chronologie donnée et une fin. Les gestes quotidiens qui sont l'expression des choix de santé influencent la santé mentale et physique. Il est vrai qu'il existe des facteurs génétiques dont il faut tenir compte. Cependant, le mode de vie et de saines habitudes jouent un rôle important dans la prévention des maladies. La santé exige de la discipline et de l'attention. L'activité physique, l'alimentation, le sommeil et la détente sont des éléments fondamentaux pour la santé.

cérébrales à l'argent, au travail et aux relations. Dans ces conditions, il n'y a plus beaucoup d'énergie pour l'acceptation de soi et la
santé. Il semble exister une corrélation entre ces données et la
mauvaise santé de bien des gens qui ne font pas de leur santé une
priorité. Il est utile de prendre conscience des domaines auxquels
on consacre chaque jour ses efforts ainsi que des conséquences et
avantages de ces choix. Pour Sam, les conséquences sont mani-
festes. Les avantages le sont moins.

L'individu moyen a assez souvent plusieurs priorités diver-
gentes qui exigent de l'énergie et du temps. En raison des in-
fluences et exigences constantes, la santé mentale ou physique est
rarement élevée au rang de priorité. Une étape essentielle pour
trouver un meilleur équilibre entre ces cinq catégories est de
prendre conscience des domaines auxquels on consacre de
l'énergie, puis d'assumer la responsabilité des actes qu'on choisit
de poser pour répondre aux besoins insatisfaits. La démarche
PRA (prise de conscience-responsabilité-actes) peut aider à
refonder et à recentrer sa démarche dans la vie.

Une activité PRA utile consiste à choisir un domaine sur
lequel vous voulez vous concentrer pour obtenir des améliorations
dans les 90 jours. Énoncez clairement les raisons pour lesquelles
vous souhaitez ces améliorations. Ensuite, relevez le nombre
d'unités cérébrales que vous consacrez chaque jour à chaque
catégorie (souvenez-vous que, pour cette activité, le total doit être
10) et relevez vos résultats quotidiens. En inscrivant vos résultats,
demandez-vous ce que vous pouvez améliorer le lendemain.
Quand on fait cet exercice pendant 90 jours, il est rare qu'on n'en
tire aucun avantage et qu'on ne prenne pas d'autres mesures dans

les domaines choisis. Pourquoi? Parce que quand on a la motivation pour faire cet exercice, on a en général aussi la motivation pour changer et réorienter ses priorités et son énergie. Si vous avez du mal à réaliser cette activité et que vous ne trouvez pas les réponses, le moment est peut-être venu d'examiner vos options pour découvrir de nouvelles perspectives. L'important, c'est de savoir que vous n'êtes pas seul et qu'il n'y a pas de mal à demander de l'aide. Ces cinq défis de la vie sont les domaines où la plupart des facteurs de stress trouvent leur origine.

Sam ne doute pas de ses compétences professionnelles; ce sont ses capacités d'adaptation qui sont déficientes. À sa décharge, il n'a jamais appris comment mieux faire face aux gens ou au travail. Il n'a jamais eu de mentor, n'a jamais eu d'entraîneur et n'a jamais suivi de formation aux capacités d'adaptation. Comme beaucoup de gens, Sam est plongé dans une crise d'adaptation qui l'a fait passer de problèmes de santé mentale à une dépression. Il ne connaît pas la cause de sa dépression et il ignore qu'il existe des moyens pour s'en sortir. Il se sent bel et bien pris au piège. Il ne se rend pas compte que son état empire d'année en année et qu'il ne se rétablira pas s'il ne change rien.

Pour opérer un revirement, Sam a intérêt à consacrer des unités cérébrales à ses relations, à son amour-propre et à sa santé. Pour ce faire, il devra d'abord apprendre à réduire le stress qu'il subit actuellement chaque jour. Quand il pourra mieux composer avec le stress, il sera mieux placé pour apprendre à mieux faire face à sa vie.

Le chapitre suivant donne un aperçu des effets du stress sur l'esprit et le corps.

CHAPITRE 5

Le carburant

Le carburant qui alimente une crise d'adaptation est la perception qu'on a du monde. Les neurosciences nous enseignent que l'esprit est en contact permanent avec le monde au travers de milliards d'interactions chimiques qui concourent à la définition de la réalité par le cerveau. Dans les neurosciences, il y a cette idée que chaque personne invente sa réalité au fur et à mesure[10]. Par conséquent, il n'est pas possible pour deux personnes de voir ou de vivre la même situation exactement de la même manière. Ceci peut être une source de frustration et de stress dans les interactions humaines. Une des principales causes de stress pour les êtres humains est le conflit relationnel.

En dernière analyse, la santé et le bonheur de Sam dépendent de la qualité de ses interactions avec ses mondes externe et interne. L'existence d'une différence entre ses désirs et la réalité crée ce qu'on définit en général comme du stress. Il y a deux types de stress: 1) le bon stress (eustress) et 2) le mauvais stress (dystress). Ressenti avec modération, le stress peut être positif et contribuer à motiver les comportements humains pour atteindre un résultat voulu.

Dans la suite, quand j'utiliserai le terme stress, je ferai référence au dystress et à l'effet négatif qu'il peut avoir sur la santé. En général, le dystress s'accompagne d'émotions douloureuses comme le rejet et l'échec. Le stress, si on le laisse progresser, peut entraîner un changement structurel permanent de la santé du corps (p. ex. maladie du cœur). À cause de la nature de ses attaques sur l'esprit et le corps, le stress peut être fatal. Il peut être difficile pour le profane de comprendre comment le système de protection de l'organisme, destiné à protéger, peut également attaquer.

De manière générale, les êtres humains n'aiment pas la souffrance et veulent la faire cesser le plus vite possible. Une action pour mettre fin à une souffrance ne traite pas nécessairement la cause profonde de cette souffrance; il peut s'agir d'une solution de fortune. Au cœur de bien des problèmes de santé mentale est l'incapacité de mobiliser des ressources pour trouver le moyen de faire face à la vie d'une manière saine et productive. En conséquence, on finit par être submergé par les facteurs de stress de la vie, qui peuvent avoir un effet négatif sur l'état général de santé mentale.

Stress est un terme qui n'a pas de définition universellement acceptée. Néanmoins, il est clair que la plupart des gens savent que le mauvais stress est une chose dont ils ne veulent pas. Le stress est le carburant qui alimente de nombreux problèmes de

---

Luke: Très bien, je vais essayer.
Yoda: Non. N'essaie pas. Fais-le, ou ne le fais pas, mais il n'y a pas d'essai.

santé mentale et maladies chroniques. Dans certains cas, la compréhension des attaques du stress sur l'esprit ou le corps peut aider à motiver les gens comme Sam. Elle peut également aider à comprendre pourquoi il peut être difficile de développer des capacités d'adaptation quand on subit du stress.

L'intensité du stress se mesure sur une échelle qui va de léger à grave. Plus le facteur de stress est intense, plus le stress est dérangeant et dévorant. La plupart des cas de stress relèvent d'une des trois catégories suivantes:

- Stress aigu. Stress qui naît des interactions quotidiennes dans le monde, qui est dû à un conflit quelconque et qui est souvent temporaire.

- Stress chronique (stress des subordonnés). Le résultat d'un facteur de stress aigu, comme un problème quotidien récurrent au travail (p. ex. un conflit avec son chef) qui éreinte jour après jour et expose à un risque de subir des répercussions négatives du stress, comme une maladie liée au stress.

- Stress traumatique. Un facteur de stress qui dépasse le cadre des capacités normales d'adaptation, comme un accident ou une catastrophe. Les chercheurs estiment que 75 pour cent des gens vivent une forme de traumatisme dans leur vie: la perte ou la souffrance d'un être cher, le diagnostic d'une maladie, la souffrance d'un divorce ou d'une séparation, le choc d'un accident, d'une agression ou d'une catastrophe. Selon les estimations, au cours d'une année donnée, environ 20 pour cent de la population

risque de vivre un événement potentiellement traumati-
sant[11].

Chaque type de stress peut créer ses propres défis. Par exemple, le
stress traumatique peut mener à un état de stress post-
traumatique. Une expérience intense, si elle n'est pas correctement assimilée, peut rester accablante toute une vie. Pour
comprendre l'impact du stress, il est bon de s'intéresser au rôle
du système de protection de l'organisme et aux risques associés à
une hyperactivité de ce système.

Réaction de lutte ou de fuite

Deux systèmes peuvent fournir des renseignements importants sur
l'impact potentiel du stress sur l'esprit et le corps. Le premier est le
système de lutte ou de fuite, qui intervient immédiatement et en
temps réel. Quand il s'enclenche, il est clair pour la personne qu'il
se passe quelque chose. Le second est le syndrome général
d'adaptation (voir ci-dessous), qui n'est peut-être pas aussi
manifeste, mais qui, si on le laisse affecter durablement une
personne, peut avoir un effet négatif sur son état général de santé.
Les deux systèmes libèrent dans l'organisme des substances
chimiques qui, quand elles ne sont pas nécessaires, peuvent au fil
du temps avoir un impact négatif. Le but de cette section est de
donner un aperçu du fonctionnement de ces deux systèmes.

Quand on est submergé par des stimuli externes et qu'on ne
trouve pas ses repères sur le plan psychologique pour savoir quoi
faire et déterminer la gravité de la menace, il est normal que
l'organisme se mette automatiquement à faire des changements
physiologiques pour se protéger. Ce « système d'exploitation

intégré » qui s'enclenche automatiquement est connu sous le nom de réponse de lutte ou de fuite.

L'exposition à une menace perçue ou réelle déclenche dans le « système d'exploitation » l'instruction d'agir aussitôt contre cette menace ou ce danger. Cette action est programmée dans le cerveau humain. Elle ne fait pas les choses à moitié. Une fois enclenchée, elle tourne à plein régime. Son but est de lutter contre le danger ou de le fuir. Malheureusement, le système ne fait pas la différence entre les menaces réelles et les menaces perçues. Étant donné que sa seule fonction est de protéger l'organisme, il est constamment prêt à partir au quart de tour et observe le monde externe à la recherche de menaces. Quand ce système se met en marche, il change l'état physiologique pour préparer l'organisme à agir.

La réponse de lutte ou de fuite a évolué pour aider les êtres humains à être des chasseurs plutôt que des proies. Notre capacité à réagir à la peur était cruciale pour notre survie. Pour finir, nous sommes parvenus au sommet de la chaîne alimentaire. Aujourd'hui, la réponse de lutte ou de fuite est souvent disproportionnée. Par exemple, elle ne peut pas faire la différence entre un ours et un collègue contrarié ni considérer ce qui les distingue. Quand l'organisme est menacé, il réagit, que la menace soit réelle ou perçue. La logique derrière ce qui contrarie dépend souvent de la capacité de la personne concernée à gérer ses émotions sous pression.

Dans des conditions de stress, l'activité du système nerveux sympathique augmente pour préparer l'organisme à la réponse de lutte ou de fuite. La première réaction de la glande surrénale est d'envoyer de l'épinéphrine (adrénaline) dans la circulation sanguine, ce qui a un effet direct sur l'organisme (p. ex. augmentation de la fréquence cardiaque). En outre, la surrénale sécrète davantage de cortisol et d'autres glucocorticoïdes qui transforment le sucre de l'organisme en énergie.

Enfin, la dernière grande substance chimique libérée par des neurones est la norépinéphrine (noradrénaline), qui sert à préparer les cinq sens et les muscles à l'action afin qu'ils soient prêts pour lutter ou fuir. La norépinéphrine est sécrétée par la médullosurrénale (le noyau des surrénales). Les neurotransmetteurs sont de puissantes hormones sécrétées par le cerveau et le système nerveux. Ils ont un effet considérable sur la santé psychologique et physique. Quand le système de lutte ou de fuite s'enclenche, la réponse de l'organisme est la suivante:

- Libération de réserves de sucres et de gras dans la circulation sanguine pour fournir de l'énergie rapidement.

- Accélération de la respiration pour apporter davantage d'oxygène dans le sang.

- Contraction des muscles en préparation à l'action.

- Interruption de la digestion pour mettre davantage de sang à la disposition du cerveau et des muscles.

- Activation de mécanismes de coagulation pour protéger l'organisme en cas de blessure.

- Augmentation de la transpiration pour réduire la température corporelle.

- Dilatation des pupilles; affinement de l'odorat et de l'ouïe.

- Augmentation de la fréquence cardiaque, de la pression artérielle et de la respiration; une plus grande quantité de sang est pompée vers les muscles et apporte davantage d'oxygène à la musculature et au système cœur-poumon.

- Épaississement du sang pour augmenter l'apport d'oxygène (globules rouges), permettre une meilleure défense contre les infections (globules blancs) et arrêter rapidement les saignements (plaquettes).

- Établissement de priorités: augmentation de l'afflux sanguin aux muscles périphériques et au cœur ainsi qu'aux régions cérébrales responsables des fonctions motrices et essentielles; diminution de l'afflux sanguin au système digestif et à des régions cérébrales sans rapport (comme celles responsables de la parole). Ceci entraîne également l'excrétion des déchets de l'organisme, ce qui allège ce dernier.

- Sécrétion d'adrénaline et d'autres hormones du stress pour intensifier encore la réponse et renforcer les systèmes qui y prennent part.

- Sécrétion d'endorphines, des antidouleurs naturels, ce qui procure une défense instantanée contre la douleur.

- Plusieurs changements biochimiques et physiologiques entraînés par les hormones de la réponse au stress.

Quelle que soit la raison pour laquelle le mécanisme de lutte ou de fuite s'enclenche, son fonctionnement est identique: il lance une série de réactions chimiques qui, collectivement, préparent l'organisme à se battre (affrontement) ou à fuir (mise en sécurité).

La réponse de lutte ou de fuite appuie la décision de résister et de lutter ou de s'éloigner et de fuir une situation.

Un des risques associés au système de lutte ou de fuite se matérialise quand celui-ci reste longtemps enclenché ou est trop souvent activé. Ces deux cas entraînent la libération continue de substances chimiques et d'hormones. Si ces substances chimiques continuent à se libérer dans l'organisme quand celui-ci n'est pas exposé à un danger physique réel et qu'il n'en a pas besoin pour survivre, elles deviennent toxiques et se mettent à détruire les systèmes de défense naturels de l'organisme parce que celui-ci sécrète en permanence du cortisol.

Un problème moins manifeste associé au stress est que l'activation de la réponse de lutte ou de fuite arrête le système immunitaire, comme un réseau électrique qui dévie le courant. Par conséquent, une tension chronique affaiblit le système immunitaire et augmente le risque de maladies et d'affections courantes comme le rhume et la grippe.

La réponse de lutte ou de fuite peut être déclenchée de l'extérieur ou de l'intérieur. Prenons l'exemple d'un partenaire jaloux qui, en l'absence de toute preuve, a une réaction excessive à une situation. Dans ce cas, une pensée automatique déclenche de puissantes émotions de doute qui créent des images d'un partenaire infidèle. Le cerveau conscient accepte cette notion sans se préoccuper des faits et agit en adressant des reproches au partenaire et en l'accusant d'infidélité. Cette pensée automatique guidée par l'émotion peut finir par détruire une relation parce qu'un des partenaires n'a pas pu contrôler ses émotions et a eu une réaction excessive qui a porté un préjudice psychologique à la relation. Le résultat? Un des partenaires ne se sent plus en sécurité auprès de l'autre, et son cerveau enregistre celui-ci comme une menace. C'est un cas de la vie réelle dans lequel des capacités d'adaptation pourraient conduire à une issue différente et préférable.

Quand nous sommes éveillés, le cerveau est constamment à la recherche (consciemment et inconsciemment) de menaces et d'occasions à saisir dans l'environnement. Une grande partie de l'activité et des pensées automatiques qu'on crée vient de l'inconscient. Par exemple, quand un automobiliste vous refuse la priorité, les pensées qui vous viennent à l'esprit sont souvent automatiques. Chez certaines personnes, ce déclencheur d'émotion peut être une source d'agressivité au volant. Le cerveau inconscient envoie au conscient des idées non filtrées parce qu'il n'a pas de filtre pour distinguer le bien et le mal. C'est pourquoi les idées générées inconsciemment ne sont pas toujours dans l'intérêt supérieur de la personne qui les a. Heureusement, le cerveau conscient s'attache à juger ce qui est bien ou mal pour qu'on puisse déterminer les idées qu'il est raisonnable de mettre en pratique. Les capacités d'adaptation ont une influence sur ce qu'on rationalise comme bien ou mal.

Le cerveau inconscient est capable de lancer de puissantes émotions qui peuvent jaillir à la surface comme une éruption volcanique. Il y a beaucoup de feu dans ces émotions intenses (p. ex. peur, rage). Elles exigent une réaction immédiate du

La vie est une expérience.
Plus on fait d'expériences, mieux c'est.
~Ralph Waldo Emerson

cerveau conscient, qui doit agir. Les émotions peuvent guider le système comportemental jusqu'à ce que le conscient les rattrape et prenne le contrôle. Les émotions qui ont libre cours l'emportent sur le cerveau conscient, logique. Pour quelqu'un comme Sam qui a peu de capacités d'adaptation, le contrôle des émotions semble impossible, en particulier s'il s'agit d'émotions puissantes comme l'amour, la tristesse, la jalousie, la peur, la haine, la colère et la rage.

Les capacités d'adaptation déterminent l'aptitude à calmer les émotions associées aux interactions stressantes et à gérer ses choix à un niveau conscient. Les pensées chargées d'émotions intenses influencent le comportement si le conscient ne pousse pas à privilégier des choix d'action sains plutôt que malsains. Considérez l'automobiliste qui vient de subir un refus de priorité et à qui vient la pensée suivante: « Je n'ai qu'à emboutir cet abruti qui vient de me couper la route. Il me cherche. Ça lui apprendra. » L'esprit va vite et c'est pourquoi le cerveau conscient a fort à faire pour gérer l'inconscient avec créativité. Souvent, le conscient peut rejeter rapidement les pensées aléatoires. Pour certains, le défi survient quand l'esprit commence à débattre de ce qui est bien ou mal. Une personne qui a de faibles capacités d'adaptation risque davantage de faire de mauvais choix et de s'exposer à un plus grand risque sur le moment si le comportement est répété dans le temps, comme le grignotage nocturne de Sam.

Ces débats constants entre le conscient et l'inconscient expliquent peut-être en partie pourquoi certaines personnes rendent leur environnement responsable de leurs décisions. L'inconscient ne crée que des pensées automatiques. Il n'évalue pas le risque, la source ni l'effet de la pensée: c'est la tâche du conscient. Peut-être est-ce à cause du pouvoir des émotions que Sam a du mal à accepter que ses choix viennent de l'intérieur et ne sont pas déterminés par le monde extérieur. Ce prisme à travers lequel il voit la réalité est peut-être la raison pour laquelle Sam est stressé et frustré, la raison pour laquelle il rejette sa responsabilité sur l'environnement et consacre de l'énergie à légitimer la posture qu'il a adoptée de quelqu'un qui n'a pas le choix et n'a pas le contrôle de sa propre vie.

Syndrome général d'adaptation

Le syndrome général d'adaptation (SGA) est moins spectaculaire que le système de lutte ou de fuite, mais il peut être à l'origine de l'effondrement de l'organisme face à un stress chronique et quotidien. Si on ignore ce syndrome, il a, comme le système de lutte ou de fuite, un effet négatif sur la santé à long terme. Le SGA explique les effets du stress sur l'organisme[12] au quotidien, de manière chronique. La fréquence, la durée et l'intensité de

Au cours de mes trente années de carrière d'infirmière en santé du travail, j'ai rencontré beaucoup de gens qui devaient s'absenter du travail ou prendre un congé d'invalidité de longue durée pour des motifs de stress, d'anxiété et de dépression. Certains ont fait une tentative de suicide.

Nous vivons à une époque de grand changement et de transformation dans laquelle les capacités d'adaptation sont essentielles pour chacun d'entre nous et impératives pour la survie des organisations. Il faut qu'un livre comme La crise d'adaptation de Bill Howatt soit lu par le plus de monde possible.

~Claudine Ducharme, associée, Services-conseils en santé pour le Canada chez Morneau Shepell et coach professionnelle

l'adhésion à ce modèle déterminent l'impact de celui-ci sur la santé à court et à long terme. Voici un aperçu des trois étapes du modèle:

Étape 1: Phase d'alarme. L'organisme se trouve au départ dans un état neutre, non stressé. Mais une fois que le stress fait son apparition, par exemple parce qu'un autre automobiliste prend la place de stationnement qu'on attendait, un facteur de stress apparaît. Chaque facteur de stress a sur l'organisme l'effet d'une alarme. Le but de l'étape d'alarme est de préparer la protection et la défense de l'organisme, qui se met en alerte, active le système nerveux sympathique et sécrète des hormones pour préparer l'activation de la réponse de lutte ou de fuite. Au cours de la journée, chacun est exposé à divers facteurs de stress perçus dans son milieu de travail (p. ex. conflits avec un collègue, un client ou un supérieur) et ceux-ci peuvent augmenter le niveau de stress. À ce stade, l'équilibre chimique de l'organisme change sous l'effet du stress: 1) la température et la pression artérielle baissent; 2) la fréquence cardiaque augmente; 3) les muscles sont affaiblis par l'excès d'hormones. L'organisme ne peut pas rester longtemps dans un tel état d'alerte exacerbé; il passe donc à la phase suivante si le stress ne disparaît pas.

Étape 2: Phase de résistance. La plupart des situations stressantes ne sont pas suffisamment graves pour entraîner la mort; la personne peut donc entrer dans la phase de résistance. Il s'agit des moyens mis en œuvre par l'organisme pour survivre en état d'alerte et

Ce qui me motive, ce sont mes objectifs.
~Mohamed Ali

s'adapter aux facteurs de stress de l'environnement. Dans cette phase, l'organisme s'efforce de compenser et de s'adapter aux facteurs de stress. Sa physiologie atteint le niveau maximal de stress auquel l'individu reste en vie du point de vue organique et continue à fonctionner. Même si la personne fonctionne, il est important de noter que ses capacités cognitives sont réduites, ce qui peut avoir un effet sur ses capacités de décision.

L'organisme compense de la manière suivante. L'hypophyse sécrète des hormones adrénocorticotropes et stimule la corticosurrénale pour qu'elle continue à sécréter des corticostéroïdes. Cette hormone agit pour augmenter la résistance de l'organisme au stress. Comme la résistance à des facteurs de stress spécifiques augmente, la plupart des processus physiologiques reviennent à la normale. Tout paraît normal, mais ce n'est pas le cas. Pour survivre dans cette phase, l'organisme est obligé d'utiliser une grande quantité de ses réserves d'énergie (minéraux, sucre et hormones). Il réagit comme s'il était à un niveau chronique, de

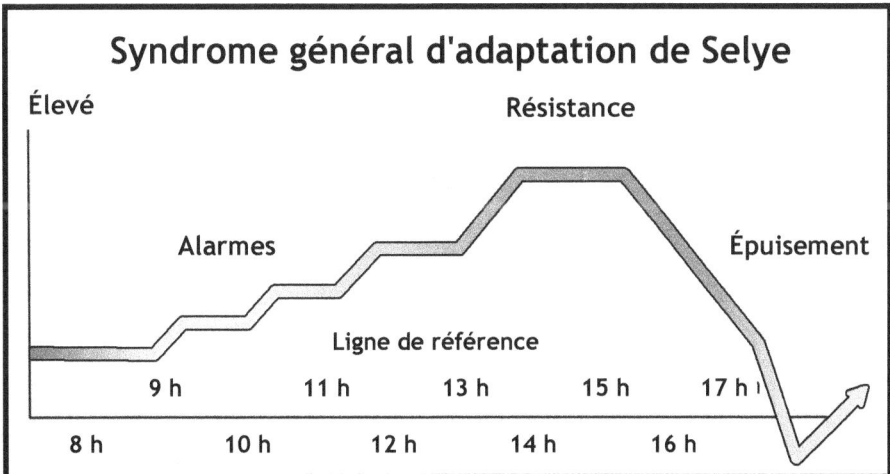

Figure 5-1 — **Syndrome général d'adaptation**

faible intensité, de lutte ou de fuite et, avec le temps, s'expose à un risque de maladie liée au stress qui peut déboucher sur une affection chronique. De nouveau, personne ne peut rester long-temps dans cette phase avant que l'organisme ne commence à s'effondrer.

Étape 3: Phase d'épuisement. Avec le temps et l'exposition cons-tante au stress chronique, qui est perçue comme mauvaise, la capacité de résistance de l'organisme au stress s'affaiblit jusqu'à ce qu'un effondrement physiologique se produise. C'est le début de la phase d'épuisement. L'hypophyse et la corticosurrénale sont incapables de continuer à sécréter leurs hormones et la personne est incapable de maintenir les niveaux d'énergie nécessaires pour combattre le stress. L'organisme n'est plus capable de produire de l'adrénaline parce que le taux de sucre dans le sang a baissé. La personne a du mal à tolérer le stress et indique ressentir une fatigue mentale et physique. Quand le degré de stress de l'orga-nisme est chronique, la situation est similaire au blocage de la pédale d'accélérateur d'une voiture. L'organisme continue à donner du gaz (à produire des substances chimiques) même après la disparition de la menace ou du facteur de stress. L'axe hypotha-lamo-hypophyso-surrénalien (une composante essentielle du système endocrinien humain) est bloqué. Cet axe hyperactif produit plus de substances chimiques qu'il n'en faut à l'organisme et, s'il n'est pas arrêté, il finit par entraîner une baisse de la production d'interleukine-6, un messager du système immunitaire. Dans cette phase, le système immunitaire est compromis, et le risque de maladie due au stress est plus grand.

Il est communément admis dans le monde médical que le stress psychologique chronique prolongé est un facteur de risque de développement de problèmes de santé psychologiques ou physiques. Sam a appris de son médecin les avantages d'une hydratation adéquate, d'une alimentation saine et d'une activité physique comme le conditionnement et les loisirs de plein air pour éliminer les substances chimiques toxiques qu'il accumule au cours de la journée. Son médecin sait que si Sam pouvait penser à autre chose à la fin de la journée et pratiquer ainsi qu'apprendre à aimer une activité comme l'exercice physique, ce serait un pas vers une meilleure prise en main de sa santé générale. Mais une telle démarche ne change rien à la cause profonde du stress ni aux moyens d'y faire face.

La figure 5-1 représente une journée typique et les différentes alarmes qui mettent à l'épreuve la physiologie de Sam. Ces alarmes peuvent être mineures, du déplacement de sa tasse favorite aux interactions avec son supérieur. Chaque personne a un degré de tolérance différent. Celles qui ont un degré élevé de stress ont souvent un faible degré de tolérance.

À mesure que la journée avance, l'esprit et le corps de Sam ne peuvent plus lutter contre l'accablement quotidien du stress. Son organisme suit naturellement un scénario dans lequel il commence à s'effondrer, incapable d'opposer plus longtemps une résistance à l'environnement. Par conséquent, quand la journée de Sam se termine à 19 h, il est épuisé mentalement et physiquement, et a besoin d'une pause.

Le stress n'est pas seulement taxant du point de vue des émotions et des pensées. Il l'est également pour l'organisme sur le plan chimique. La prise de conscience de sa propre réaction au stress est une étape importante dans l'apprentissage d'une meilleure gestion du stress. C'est souvent un premier pas vers une prise de responsabilités pour ses propres comportements.

Résultats en matière de stress

La frustration est un symptôme courant chez les personnes qui se sentent stressées et sous pression. Cette émotion est intense et, si elle n'est pas contrôlée, elle peut se transformer en agression et en colère. Une personne frustrée essaie de retrouver un sentiment de maîtrise pour éliminer les causes du stress et de la frustration[13]. Quand son degré de stress est élevé, elle a généralement une tolérance moindre à la frustration. Autrement dit, il ne faut pas beaucoup de stress ou de pression pour qu'elle se sente submergée. Les personnes qui ont une faible tolérance à la frustration développent souvent ce qu'on appelle des croyances (idées) irrationnelles[14] qui créent un ensemble de règles internes déterminant ce que devrait être la réalité et légitimant ce qu'elles éprouvent. Par exemple, Sam croit qu'il ne doit jamais dire ce qu'il pense, au risque de se faire congédier. Il n'a aucune preuve que

Arrivé à la lisière de toute votre lumière
Quand vous pénétrez dans les ténèbres de l'inconnu
Croyez que de deux choses l'une
Ou vous trouverez un sol ferme sous vos pieds
Ou vous apprendrez à voler
~Richard Bachi

c'est vrai; c'est seulement ce qu'il croit. Il a créé cette règle. De ce fait, il s'est enfermé dans la position de quelqu'un qui garde pour lui ce qu'il pense chaque fois qu'il croit que cela pourrait être à l'origine d'une discussion avec son supérieur.

À cause de son manque de capacités d'adaptation, Sam a l'impression de courir chaque jour un mini-marathon. Il est malade et, plus il reste dans ce cycle de stress, plus il risque de voir son état empirer. Il paie très cher le fait de ne pas apprendre à mieux faire face au stress. Étant donné la perception de Sam selon laquelle son stress dépasse ses ressources, le stress n'a pas seulement un effet négatif sur ses capacités cognitives en influençant sa perception de ses capacités de faire face au travail, il a également un effet physiologique.

De retour chez lui, Sam est épuisé mentalement et physiquement. Plus il descend sous la ligne de référence (voir la figure 5‑1), plus il lui faut du temps pour se rétablir. Il a adopté des habitudes malsaines qui l'empêchent de revenir à la ligne de référence: il passe des heures seul devant la télévision à manger machinalement. Ce mode de vie sédentaire a contribué à ses maladies chroniques, mais Sam n'a pas encore fait le rapprochement.

Un des risques auxquels Sam s'expose si ce cycle se poursuit est le syndrome d'épuisement professionnel. L'épuisement professionnel est un état d'épuisement physique, émotionnel et mental ainsi qu'un syndrome d'épuisement émotionnel, de dépersonnalisation des autres et de sentiment de moindre accomplissement personnel[15]. Edelwich et Brodsky ont défini quatre phases (voir la figure 5-2) qui caractérisent en général la progres-

Étape 1: Enthousiasme	Étape 2: Stagnation	Étape 3: Frustration	Étape 4: Apathie

Figure 5-2 — Continuum de l'épuisement professionnel

sion de l'épuisement professionnel. La phase 4 correspond à un problème grave de santé mentale. L'épuisement professionnel est associé au stress au travail et à la contrainte sur la perception qu'a une personne des ressources à sa disposition. Les capacités d'adaptation peuvent réduire le risque de progression le long de ce continuum.

Étape 1: Enthousiasme — À son entrée en fonction, la personne a de grands espoirs, peut-être même des attentes irréalistes. Toutefois, elle a une attitude positive et est motivée pour faire son travail au mieux.

Étape 2: Stagnation — Le travailleur commence à avoir le sentiment que certains de ses besoins personnels, financiers et professionnels ne sont pas satisfaits. Parfois, il peut avoir l'impression que des collègues moins capables gravissent plus rapidement les échelons. En l'absence de renforcement intrinsèque et extrinsèque, le travailleur passe à l'étape suivante de l'épuisement professionnel.

Étape 3: Frustration — Le travailleur est en difficulté. Il se met à s'interroger sur l'efficacité, la valeur et l'effet des efforts qu'il déploie pour surmonter des obstacles toujours plus infranchissables. L'épuisement professionnel étant contagieux, il faut faire face directement au travailleur en organisant des ateliers ou des groupes de soutien pour sensibiliser au syndrome d'épuisement professionnel et entraîner la résolution des problèmes en groupe. Ces efforts peuvent ramener à une forme tempérée d'enthousiasme ou, s'ils échouent, conduire à l'étape finale de l'épuisement professionnel.

Étape 4: Apathie — C'est l'indifférence chronique à la situation. À ce stade, la personne est dans un état de déséquilibre (incapacité de contrôler les émotions et les cognitions) et d'immobilité (incapacité d'avoir un comportement à la hauteur de son potentiel en raison de son état de stress). Elle est probablement aussi dans un état de déni, avec une faible compréhension objective de ce qui se passe. Une thérapie est nécessaire pour qu'elle se rétablisse.

Sam fait depuis quelques années des allers-retours entre l'étape 2 (stagnation) et l'étape 3 (frustration). Il tient le coup grâce à ses compétences professionnelles et à ses capacités en informatique. Il aime son travail — quand il ne se sent pas écrasé par celui-ci — mais il se demande combien de temps il pourra supporter ce rythme. Le corps et l'esprit de Sam se sont déjà effondrés et, s'il ne sort pas bientôt de ce cycle, il risque de passer à l'étape 4 (apathie) et de ne plus trouver de joie dans son travail. Il risque alors de croire qu'il ne lui reste plus rien du tout. Sa détermination à aller au travail n'a pas disparu et lui fait tenir le coup malgré la souffrance. Il a créé ce qu'il croit être un refuge sûr — devant la télévision — mais qui est, paradoxalement, une « chambre d'inoculation ».

Sam n'est pas un cas isolé. Il n'est pas rare que les gens développent des stratégies d'adaptation malsaines (drogue, alcool, colère et excès alimentaires) pour surmonter des émotions négatives et se sentir mieux. Le stress n'est pas objectif. Chacun a son propre filtre qui détermine ce qui est stressant et ce qui ne l'est pas. L'environnement fournit des informations, mais, en définitive, chacun détermine ce à quoi il peut ou ne peut pas faire face. De nouveau, peu importe que le stress soit réel ou perçu; les deux peuvent avoir un effet négatif sur l'organisme.

Il y a deux manières de réagir au stress: 1) adaptation axée sur les problèmes (contrôle direct de la situation stressante); 2) adaptation axée sur les émotions (contrôle des émotions dans la situation stressante)[16]. On peut essayer de combiner ces deux démarches, mais, en général, on consacre ses ressources à une seule d'entre elles.

Dans le cas de Sam, la réaction est le contrôle des émotions. Le cerveau conscient de Sam a décidé qu'il n'y avait pas d'autre possibilité. Sam n'a toujours pas conscience que les émotions ont une influence sur la chimie cérébrale et un effet sur les pensées et l'état de santé général. La plupart du temps, les gens ont l'impression que la cause fondamentale du stress tient à des facteurs environnementaux (p. ex. le bruit et la pollution de l'air) et sociaux (la pression des pairs et un milieu de travail négatif).

Tôt ou tard, tout le monde se retrouve dans une situation de stress; il n'y a pas moyen d'y échapper. En fin de compte, ce n'est pas la quantité de stress qui détermine le degré de stress, c'est la capacité de réagir et de faire face au stress sur le plan cognitif[17]. Plus les capacités de gestion de l'état psychologique sont bonnes, moins le stress a d'impact négatif sur le système immunitaire qui protège l'organisme des maladies et des problèmes de santé mentale.

Le défi que pose le stress est l'énergie cognitive qu'il accapare. Quand le stress déclenche des émotions, le cerveau primitif indique clairement ce qu'il pense qu'il faut faire. Le cerveau primitif de Sam, par exemple, lui a dit de renoncer à plus d'une chose dans la vie, d'où son réseau social et son mode de vie actuels.

Cette décision de renoncer n'a apporté à Sam aucun soulagement. Sam passe des heures à penser qu'il est malheureux et rationalise ses raisons de rester où il est et ce qui l'empêche de trouver une issue. Ce processus se répète en boucle depuis des années et rien n'a changé pour le mieux. Sans résolution ni paix, les mêmes vieux comportements, pensées et sentiments se répètent à l'infini.

Les erreurs de jugement peuvent prolonger et créer le stress. L'esprit est capable de traiter d'énormes quantités d'informations, mais vu les milliards d'interactions chimiques qui participent au filtrage de ce que nous voyons, entendons et apprenons, le risque d'erreur est élevé.

En cas de stress, il est bon d'accepter l'idée qu'il est possible que certaines pensées automatiques soient erronées. Une démarche d'adaptation efficace est de ralentir et de réunir les meilleures données disponibles, d'établir la cause fondamentale, d'examiner les ressources disponibles et de prendre une décision de nature à contribuer à la réduction du nombre d'erreurs de jugement commises.

Il n'y a pas deux personnes qui filtrent les facteurs de stress externes de la même manière. Ce qui est stressant pour l'un ne l'est pas forcément pour l'autre. Dans une situation de stress, il y a deux démarches: évaluation primaire (quelle est la menace potentielle?) et évaluation secondaire (une fois la menace cernée, il s'agit de déterminer comment y faire face)[17]. À ce stade, quand une personne évalue ses capacités d'adaptation devant un événement stressant, elle évalue également l'impact de cet événement:

- **Préjudice/perte**. Impact du dommage subi (p. ex. perte d'emploi)

- **Menace**. Risque d'une perte ou d'un préjudice donné (p. ex. compressions budgétaires potentielles)

- **Défi**. Possibilité de gain personnel et émotionnel; cependant, il faut mobiliser toute son énergie physique et psychologique pour relever ce défi.

Selon les capacités d'adaptation, l'impact et les enjeux ont une influence sur le degré de risque qu'une personne est disposée à prendre.

Dans une relation stress-tension (p. ex. stress au travail qui entraîne l'apparition de maux de tête), il est fréquent que le stress évolue s'il n'est pas soulagé. L'adaptation face au stress est illustrée à la figure 5-3 Continuum de zone saine. Sous pression, de faibles degrés de dépression et d'anxiété sont fréquents; ils peuvent être dans la plage de normalité. Toute personne sous pression tend vers l'une ou l'autre des extrémités: l'anxiété ou la

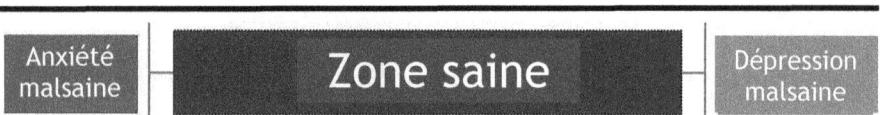

| Anxiété malsaine | Zone saine | Dépression malsaine |

Figure 5-3 — Continuum de zone saine

dépression. Quand le stress se prolonge, l'anxiété et la dépression peuvent sortir de la zone de normalité. C'est à ce moment-là que les symptômes de dépression et d'anxiété peuvent commencer à devenir problématiques. À l'apparition de tels symptômes, ce changement dans la santé mentale préoccupe et déconcentre souvent la personne concernée.

Les symptômes du stress comme la dépression et l'anxiété sont des moyens d'adaptation normaux pour l'esprit et le corps. À eux seuls, ils ne sont pas les signes d'un problème de santé mentale. Le risque de problème de santé mentale est déterminé par la fréquence, la durée et l'intensité de ces symptômes ainsi que par leur impact sur la qualité de vie générale.

Les personnes qui utilisent la colère pour faire face le font pour essayer de prendre le contrôle de la situation. Il y a trois types d'agression[18]:

- Agression déplacée, quand une personne n'a pas l'assurance ou ne se sent pas en sécurité pour affronter directement la source de sa frustration (p. ex. un supérieur) et réoriente celle-ci sur un tiers (p. ex. en déchargeant sa fureur sur son conjoint).

- Agression directe, quand une personne oriente son agression directement contre la personne à l'origine de la frustration; la situation peut dégénérer en colère.

- Agression de retrait ou d'échappement, quand une personne prend des mesures pour se retirer ou s'échapper d'une situation en réaction au stress.

L'exemple ci-dessus montre que le stress, la frustration et l'agression s'accompagnent d'un conflit de relations. Il y a également trois manières courantes de faire face à un conflit de relations[19]:

- Conflit approche-approche. Ce conflit se produit quand une personne a le choix entre deux possibilités et que, quel que soit son choix, les conséquences seront agréables.

- Conflit évitement-évitement. C'est l'inverse du conflit approche-approche. Dans ce cas, les deux choix aboutiront à une issue non désirée.

- Conflit approche-évitement. Cette situation est difficile et compliquée. Dans les conflits de ce type, il y a deux conséquences possibles: l'une agréable, l'autre non désirée.

Les conflits mettent Sam mal à l'aise. Beaucoup de gens, comme Sam, évitent les conflits. Le conflit est souvent vu comme négatif. Les personnes qui ont confiance en leurs capacités d'adaptation et qui s'engagent dans un conflit ont une occasion d'apprendre et de progresser. Le conflit peut faciliter de nouveaux apprentissages. Les personnes qui ne développent jamais de capacités d'adaptation pour réagir en cas de conflit risquent d'accumuler des conflits non résolus, qui peuvent les ronger. Sam a un conflit non résolu avec son supérieur. Autrement dit, il a un problème avec lui. Ce conflit alimente le stress de Sam, mais son supérieur l'ignore. Si Sam ne développe pas de capacités d'adaptation ou s'il n'assume pas le conflit, celui-ci empirera et continuera à nuire à son bonheur et à sa santé.

Un autre risque associé au stress prolongé est l'augmentation des comportements contre-productifs. Ces comportements sont très variés, des retards au travail aux mensonges à un supérieur en passant par les accès de colère. De tels actes ne signifient pas toujours qu'une personne est malintentionnée; ils peuvent être liés à des capacités négatives d'adaptation. En milieu de travail, en entreprise, les comportements de ce type peuvent diminuer la productivité et mettre en péril la sécurité des personnes. En dehors de ce risque manifeste de faire du mal à autrui, la colère peut entraîner un stress chronique qui peut être à l'origine d'une maladie, voire d'un homicide ou d'un suicide. Les enjeux sont élevés. Les capacités d'adaptation sont importantes quand il s'agit de protéger une personne d'elle-même et de protéger les autres.

Le chapitre qui suit présente un concept appelé grippage d'adaptation. Il permet de mieux comprendre que les gens comme Sam se mettent souvent dans certaines situations à cause de ce qu'ils pensent. Le stress est le carburant qui alimente le grippage d'adaptation, qui est à l'origine de la crise d'adaptation.

CHAPITRE 6

Grippage d'adaptation

Métaphoriquement, le grippage d'adaptation est comme une boucle numérique qui se répète à l'infini. Une personne prise dans un grippage d'adaptation a une idée fixe; cette idée tourne en boucle pendant que l'esprit cherche une résolution. Le commutateur d'arrêt n'est pas facile à trouver et le grippage peut varier en intensité, en durée et en fréquence. Ces variables sont déterminées par les capacités d'adaptation. Chez quelqu'un qui a de faibles capacités d'adaptation, un événement mineur peut résonner fortement et, quand il n'y a pas de résolution manifeste, la situation est définie comme douloureuse. Pour le cerveau, cela veut dire « arrêt ». Les options choisies pour arrêter la souffrance dépendent des capacités d'adaptation.

La cause fondamentale du grippage d'adaptation peut être liée à des événements mineurs (p. ex. un appel resté sans réponse) comme à des événements majeurs (p. ex. un divorce). Indépendamment de l'historique, le fait est qu'un événement unique a été à l'origine de la boucle. L'événement qui déclenche le grippage d'adaptation peut être exacerbé quand il se répète inlassablement, comme quand Sam se rend au travail tous les jours. Ses pensées ne sont pas seules à lui rappeler son stress, c'est aussi le cas de ses interactions quotidiennes avec son univers. La durée de l'épisode de grippage d'adaptation détermine le degré de risque de maladie mentale ou d'autres maladies chroniques.

L'étude *Your Life at Work* menée en collaboration avec le *Globe and Mail* a montré que la crise d'adaptation est un problème réel dans notre société actuelle. Les données recueillies montrent clairement qu'il existe de nombreux Sam qui ne savent pas comment faire face à leur situation actuelle dans la vie. Ils pensent en général qu'ils sont seuls et différents des autres, comme s'ils avaient un problème à nul autre pareil. Cette idée est dangereuse parce qu'elle peut empêcher quelqu'un de demander de l'aide. Si la situation ne change pas, un épisode prolongé de grippage d'adaptation peut faire perdre espoir. Quand cela se produit, la vie n'a plus de sens.

Le fonctionnement du grippage d'adaptation explique en partie pourquoi Sam est empêtré dans la vie et a des comporte-ments malsains. Comme la plupart des êtres humains en bonne santé, Sam est programmé pour éviter la souffrance et rechercher le plaisir. Mais, si le comportement est malsain, le choix d'un plaisir pour éviter une souffrance perçue peut paradoxalement aboutir à une souffrance plus grande (p. ex. troubles de la dépen-dance) à long terme. Les soirées de malbouffe chronique de Sam sont sa faiblesse; la nourriture est sa stratégie pour se sentir bien.

Sam sait que sa consommation de nourriture le soir est à l'origine de son excès de poids. Elle explique également pourquoi il se sent plus apathique et fatigué. Des choses qui étaient faciles sont devenues difficiles. Pour Sam, monter un escalier est comme gravir une montagne. Il n'est pas rare qu'il se mette à transpirer dans les deux minutes qui suivent le début d'une activité physique. C'est devenu sa nouvelle norme. Pour cette raison, il cherche des moyens d'éviter les activités de ce type.

Le grippage d'adaptation n'est pas de l'ordre du conscient. Il découle d'un conflit interne qui fait souffrir, à éviter ou à arrêter. Le grippage d'adaptation de Sam est la boucle qu'il répète à propos de son travail et de sa condamnation à la solitude pour le restant de ses jours. Cette histoire se répète continuellement. Chaque jour, elle fait souffrir Sam. Il ne sort jamais de son grippage d'adaptation. Le résultat est une accumulation de stress, de frustration, de regret et de conflits non résolus. Sam a un sentiment d'échec dans la vie. Il a l'impression de regarder un mauvais film dans lequel il passe à côté de la vie. Pour faire cesser le grippage d'adaptation, il est utile de comprendre comment celui-ci commence.

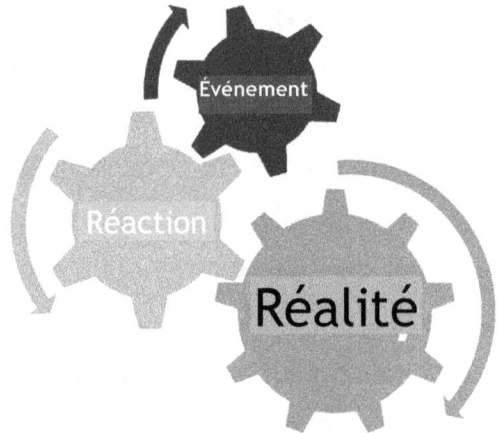

Événement. Le grippage d'adaptation commence par un événement. Il y a deux types d'événements. Le premier concerne les interactions avec l'environnement: pression des pairs, charge de travail, relations supérieur-employé, intimidation/harcèlement, rémunération, fonctions, équipes et conflit. Le second vient des pensées automatiques, c'est-à-dire les pensées qu'une personne crée et la valeur qu'elle leur accorde par rapport à sa vie actuelle ou à son moi. Que des facteurs externes ou internes soient le moteur de l'événement, ceux-ci fournissent des informations concernant l'événement, ce qu'on appelle un stimulus. Les êtres humains n'ont pas le choix: ils réagissent aux stimuli. Et leur réaction influence leur réalité cognitive.

Réaction. Après avoir reçu un stimulus, une personne doit réagir. Certains croient que leur réponse est une réaction obligée (p. ex. il m'a frappé, donc — je n'avais pas le choix — je l'ai frappé à mon tour). Nous avons tous entendu ce raisonnement. Il repose sur l'hypothèse que la personne n'avait pas le choix; elle ne faisait que réagir à un stimulus. Pourquoi? Quand une personne est prise dans un grippage d'adaptation, elle cherche à en rejeter la responsabilité sur l'environnement et à légitimer son comportement. Le danger d'un tel raisonnement est qu'elle peut en arriver à croire qu'elle n'a pas le choix.

Beaucoup de gens ne se rendent tout simplement pas compte que chacun de leurs actes — bons ou mauvais — est un choix. C'est le cas de Sam, qui croit qu'il n'a pas le choix et que les actes de son supérieur créent sa réalité au travail. Les neurosciences et les sciences cognitives comportementales donnent à penser que chaque personne crée sa propre carte mentale qui détermine et crée ce qu'elle croit possible et vrai dans la réalité.

Comme indiqué plus haut, les êtres humains ont la motivation de s'éloigner de la souffrance et d'aller vers le plaisir. Un élément fondamental pour qu'une personne apprenne à faire cesser le grippage d'adaptation est qu'il faut qu'elle croie effectivement que ses pensées — et non ce qui se passe autour d'elle — créent sa propre réalité. Oui, l'environnement peut encourager ou décourager nos choix, mais il ne peut pas les contrôler. Il est vrai qu'on a parfois cette impression et que l'option de ne pas se conformer à un résultat attendu peut être difficile et peu attrayante, mais on a néanmoins le choix.

Un élément qui peut exacerber cette réaction est l'interaction. Par interaction, on entend la réaction des autres à notre propre réaction. Elle peut être positive ou négative. Les réactions des gens peuvent avoir une influence sur le grippage d'adaptation; souvent, ce n'est pas de l'ordre du conscient.

La plupart des gens qui aiment les chiens aiment lancer une balle à leur animal de compagnie. La réaction qu'on attend au lancer de la balle est que le chien aille la chercher. Quand un propriétaire de chien lance une balle et que le chien ne fait pas ce qui est attendu, cela peut inciter le propriétaire à faire plus d'efforts pour encourager le chien à aller chercher la balle. Peut-être le chien est-il fatigué ou n'a-t-il pas envie de jouer. Certains propriétaires font face mieux que d'autres à la réaction de leur chien.

Cette explication simple peut aider à enseigner l'importance de l'interaction. Elle fournit un cadre de référence qui éclaire la raison pour laquelle les personnes dans un grippage d'adaptation se sentent parfois plus mal quand leurs interactions avec les autres sont l'inverse de ce qu'elles attendent. Cette réaction, si elle n'est pas gérée, peut avoir un effet négatif sur le grippage d'adaptation.

Aussi simple que cela puisse paraître, un stimulus n'est rien d'autre que des informations. La réaction d'une personne peut, si celle-ci n'y prend pas garde, être influencée par les attentes et les systèmes de croyances des autres. L'étape de la réaction est l'intervalle dans lequel une personne décide de ce qu'elle va faire ou ne pas faire. Sa réaction définit sa réalité. Beaucoup de choses peuvent se produire rapidement dans l'esprit. La personne fait le point et évalue ce qui lui arrive ainsi que les risques inhérents. Sa réaction est influencée par son expérience, ses croyances, ses compétences essentielles et son assurance pour faire face au stimulus.

Quand Sam est devant un stimulus qu'il trouve accablant, par exemple faire face à son supérieur, il est submergé par de puissantes émotions comme la peur. Il entre en mode d'évitement de la souffrance. Il adopte ensuite des comportements acquis pour essayer de se sentir mieux, par exemple grignoter le soir. Il paie le prix fort et subit des conséquences à long terme pour obtenir un soulagement à court terme.

Sam sait que ses soirées de malbouffe ne sont pas bonnes pour lui, mais il ne voit aucune autre possibilité. Il a pris cette habitude parce qu'il a l'impression qu'elle soulage sa souffrance. Sans le savoir, Sam est pris dans ce qu'on appelle une boucle de rétroaction positive. Le nom et l'action de la formule « rétroaction positive » peuvent sembler illogiques. Voici comment elle fonctionne: les facteurs de stress (A) sont à l'origine du comportement acquis (B), qui est à l'origine des facteurs de stress (A), qui ramènent à B (comportement acquis). Sam est dans un cercle vicieux. Le résultat? Sam pense au travail (facteurs de stress) et, inévitablement, la tension s'accumule. Son soulagement est B (ses habitudes alimentaires). Ces habitudes entraînent des sentiments de culpabilité et de honte, et il se sent mal. Il continue à manger et le cycle se répète. A entraîne B; B entraîne A. Les boucles de rétroaction positives aboutissent à un déséquilibre. Le système continue indéfiniment dans ce mode dysfonctionnel jusqu'à son effondrement. L'organisme de Sam s'effondre. Si Sam ne corrige pas ce déséquilibre, il court un risque accru de maladie chronique, voire de décès.

Pour Sam, la solution est de passer d'une boucle de rétroaction positive à une boucle de rétroaction négative. Une fois encore, le nom n'est pas intuitif. Pensez à un thermostat au mur. Si la température est réglée à 20 degrés Celsius, la chaudière s'éteint quand la température atteint 21 degrés et elle se remet à fonctionner quand la température tombe à 19 degrés. Il y a une rétroaction et une autocorrection constantes.

L'autosurveillance est une capacité d'adaptation fondamentale. Par exemple, les gens qui tiennent quotidiennement un journal pour atteindre et suivre leurs objectifs dans la vie ont souvent plus de succès parce qu'ils réfléchissent et procèdent à des ajustements et à des corrections tous les jours. Cependant, pour faire des changements, il faut être motivé et voir la valeur des changements considérés. Pour prendre sa vie en main, Sam devra sortir de la boucle de rétroaction positive dans laquelle il s'est enfermé.

Sam se livre souvent à une autocritique parce qu'il ne parvient pas à trouver le moyen de faire face plus sainement. À elles seules, la prise de conscience et la motivation ne produiront pas le changement qui le rendra capable d'une meilleure réaction. Pour que Sam réagisse mieux, il doit apprendre et voir qu'il y a d'autres réactions possibles. Il doit également croire qu'il peut apprendre à faire les choses différemment. La réaction d'une personne détermine sa réalité.

Réalité. En apparence, dire que les choix de vie de Sam déterminent sa réalité peut paraître simple. C'est là que les choses se compliquent pour les gens comme lui. La nature humaine est programmée pour que, devant une souffrance ressentie ou perçue, l'impulsion soit de s'en éloigner et de chercher un moyen de se sentir mieux. La réalité pour Sam est que sa réaction finit souvent par n'avoir aucun effet en lien avec le stimulus. Ses réactions sont fréquemment des raccourcis pour soulager les symptômes et échapper à la souffrance. Mais, comme nous l'avons vu, ses capacités d'adaptation ne contribuent pas à sa santé physique et mentale. Ainsi, à la fin de la journée, Sam rentre souvent chez lui frustré et contrarié par son travail. Il se soigne en restant assis des heures devant la télévision à manger de la malbouffe. Il utilise la nourriture pour soulager ses symptômes. Pourtant, chaque nuit, il s'en veut terriblement d'avoir tant mangé. Chaque jour, le souvenir de ce malaise disparaît, mais, chaque soir, il est pris d'un désir puissant de s'asseoir et de manger pour échapper à son grippage d'adaptation. Il s'est construit une réalité dans laquelle il se sent impuissant. Sa tension ne se relâche pas tant qu'il ne se met pas à manger. Sam a peut-être une dépendance alimentaire, d'origine psychologique. Il est pris dans un grippage d'adaptation.

Impact du grippage d'adaptation

Si Sam n'agit pas et ne comprend pas les avantages qu'il aurait à développer des capacités d'adaptation plus efficaces pour changer sa vision du monde, il y a peu de chances qu'il change quoi que ce soit, et son grippage d'adaptation ne sera peut-être jamais résolu.

Beaucoup de gens comme Sam connaissent une crise d'adaptation parce qu'ils sont pris dans un grippage d'adaptation. Sans développer de nouvelles capacités d'adaptation, ils restent dans cette situation pendant des années, voire toute leur vie.

Sam n'a pas d'antécédents familiaux de dépression clinique ni de prédisposition génétique à cette maladie. Depuis le début de l'adolescence, il ne s'est jamais vraiment senti à sa place et il a du mal à faire face aux défis de la vie, comme les relations avec les autres. L'usure à long terme de l'incapacité à faire face et les années passées en grippage d'adaptation ont laissé des traces.

Le grippage d'adaptation de Sam est qu'il se sent « impuissant et pris au piège dans ce boulot et dans la vie ». Ce cycle de doute de lui-même se répète chaque jour et s'accompagne de puissantes émotions: probablement le désespoir et la dépression. Sam a atteint le stade où il croit qu'il ne peut rien faire d'autre. De plus, il porte ce secret seul. Il ne parle à personne de ses sentiments et de ses pensées. Chacune de ses journées est une répétition et il s'attend à ce qu'elle soit semblable à la veille.

> Voyez-vous comment le grippage d'adaptation peut aboutir au développement d'un problème de santé mentale ou de plusieurs maladies chroniques?

À ce stade de sa vie, Sam ne s'est pas encore aperçu que ses choix et ses pensées contribuent à son grippage d'adaptation. À sa décharge, à l'instar de beaucoup de gens, il ne peut qu'ignorer ce qu'il ne sait pas. Sam ne voit aucun moyen de parvenir à faire face. Ses pensées n'ont pas évolué au point de le convaincre de l'existence d'une possibilité d'amélioration.

Le grippage d'adaptation peut être multiplex, c'est-à-dire qu'il peut être alimenté par différents stimuli. Il n'est pas rare qu'il existe une combinaison de stimuli externes et internes. Sam a tous les jours des doutes concernant la façon dont il fait face à la vie. Ses pensées automatiques vagabondent sur des sujets divers (p. ex.: « Je suis un raté; je n'aime pas ce boulot; ça n'ira jamais mieux; je suis pris au piège. »). Ces pensées le déconcentrent et le font souffrir, et elles sont tout le temps là. Sam se sent pris au piège dans sa tête et ne voit pas de commutateur d'arrêt. Ses pensées le déconcentrent et surgissent sans crier gare à longueur de journée.

Dans un grippage d'adaptation actif, l'esprit est facilement distrait. Sam, comme vous vous en souvenez, était distrait aux feux de circulation. Son esprit s'est mis à vagabonder et il a perdu le fil de sa réalité. Il créait une autre réalité ailleurs. Son esprit errait à la recherche de réponses ou d'un répit. Quand il est chronique, le grippage d'adaptation ressasse des sentiments non résolus. Un moyen de commencer à comprendre comment faire cesser ou réduire le grippage d'adaptation est de s'attacher à comprendre le fonctionnement de l'esprit. L'esprit crée la réalité à laquelle une personne croit et qu'elle vit, que cette réalité existe ou non.

Rapports de la boîte de vitesse de l'adaptation

Le comportement en grippage d'adaptation est comparable aux cinq vitesses de la plupart des voitures. Il correspond à un rapport de la boîte de vitesse. Chaque rapport représente un état mental.

Stationnement. Dans cette position, l'esprit vagabonde et passe d'un sujet à l'autre sans but réel. Certains parlent alors de rêvasseries. L'esprit cherche à se détendre et non à travailler dur; il est facilement distrait. On peut se mettre en position de stationnement en regardant la télévision ou en surfant sur Internet. Cet état mental permet à l'esprit de se distraire et de se dérober aux défis de la vie. Quand l'esprit est en stationnement, il ne cherche pas à résoudre des problèmes et ne sent pas les effets du grippage d'adaptation. Il s'occupe du monde qu'il a créé. Cette distraction mentale peut être utile, car elle permet parfois un relâchement de la tension et de la pression qui permet à l'esprit de parvenir naturellement à des solutions pouvant servir à faire cesser ou à réduire le grippage d'adaptation. Toutefois, l'excès nuit en tout. Sam passe des heures chaque jour devant la télévision. Il est peu productif, et sa vie change peu à cause de cet investissement improductif de son temps.

Marche arrière. Dans ce rapport, l'esprit rejoue continuellement des événements du passé. Quand ceux-ci sont négatifs, ils peuvent alimenter un cycle de stress parce qu'ils repassent en boucle. Chaque fois que le cerveau rejoue un événement négatif, cela peut façonner la perception qu'une personne a d'elle-même. Ce rapport de vitesses entraîne le grippage d'adaptation ainsi que les émotions puissantes associées à des expériences négatives. Les gens qui ressassent des événements négatifs du passé les revivent également encore et encore. Quand ces événements sont rejoués, le corps peut être tendu comme s'il revivait l'expérience désagréable. En l'absence d'une autre possibilité ou solution répondant à ses besoins, la personne cherche en général des moyens agréables de se distraire l'esprit, même si le comportement choisi est autodestructeur. L'esprit accepte souvent l'idée de ce comportement, parce qu'il a appris qu'il apportait un bénéfice apparent. Par exemple, l'alcool peut distraire l'esprit et empêcher de penser au passé en engourdissant le cerveau. On peut y voir une solution à court terme, mais, comme l'alcool est un dépresseur, il est rarement utile à long terme et apporte son lot de risques et de problèmes de santé.

Première. Dans ce rapport, l'esprit essaie de sortir du grippage d'adaptation. La personne sait qu'il y a un problème, veut une solution, commence à concevoir des idées et des solutions, voit l'intérêt d'agir. Elle déploie un effort mental pour trouver le courage d'agir. Tous les risques liés à l'action sont au centre des préoccupations. Ceux-ci entraînent des émotions et, dans certains cas, une peur intense ou de l'anxiété. Pour

> Il est utile d'autoévaluer le rapport de vitesse dans lequel vous vous trouvez un jour donné.

passer à la vitesse supérieure, il faut calmer ses émotions et avoir l'assurance qu'on peut assumer les conséquences de ses actes. Il est fréquent que les gens qui ont de faibles capacités d'adaptation restent coincés à cette phase. Trop souvent, ils n'arrivent pas à trouver le courage d'agir et abandonnent l'idée. Ils retombent ensuite dans les habitudes d'adaptation qu'ils ont acquises et qui peuvent être négatives. Certaines personnes se créent des habitudes positives, comme l'activité physique, pour faire face. Mais faire de l'exercice tout le temps sans prendre sa vie en main peut aussi devenir un problème. Baisser les bras a un impact négatif: la personne a un sentiment d'échec, ce qui empire souvent le grippage d'adaptation. Ce qu'il y a de bien avec l'esprit, c'est que les pensées automatiques peuvent être aussi bien positives que négatives. Dans le même temps qu'il faut pour se convaincre qu'on est un raté, l'esprit peut concevoir une nouvelle idée, par exemple celle d'un nouvel effort concerté, et décider qu'il est temps de refaire un essai. Les personnes dans ce rapport de vitesses peuvent rester bloquées, comme Sam. D'autres patinent un peu et finissent par passer à la vitesse supérieure et par tenter leur chance.

Deuxième. Dans ce rapport, l'esprit commence à croire qu'il a le choix et qu'il peut prendre le contrôle de la situation. La personne a maintenant l'assurance nécessaire pour agir et accepter les conséquences de ses actes. Elle commence à assimiler et à accepter qu'elle n'a le plein contrôle que de ses actes et elle se met à prendre le contrôle de ses émotions. Un élément essentiel pour acquérir des capacités d'adaptation est de savoir qui est aux commandes. Les actions sont déterminées par les pensées. Sam n'a pas encore trouvé cette vitesse. Il ne s'est même pas encore aperçu qu'il a le contrôle de ses propres actes. Le passage des deux vitesses précédentes à cette vitesse est souvent comme un poids qu'on enlève. La deuxième est la vitesse qui met fin au grippage d'adaptation. Il n'est pas rare qu'une personne semble avoir enclenché cette vitesse et semble progresser, mais qu'elle revienne à son insu à une des deux vitesses précédentes. À ce stade, elle retombe dans son grippage d'adaptation. L'échec est anticipé et est normal. Prenons un exemple que presque tout le monde connaît: quand on apprend à faire du vélo, l'échec fait partie de l'apprentissage. Le problème n'est pas l'échec. Le problème est qu'il faut du courage pour se remettre en selle et refaire un essai après une chute. Quelles que soient les capacités d'adaptation, il y a des ornières dans la vie, et le parcours est rarement sans heurts. Garder ce fait à l'esprit peut contribuer à la normalisation du fait que les êtres humains ne sont pas parfaits. Par ailleurs, nous sommes le juge ultime de notre valeur et de notre dignité.

Troisième. Dans ce rapport, l'esprit a confiance en sa capacité de faire face à la vie et à ses défis. Il n'y a pas de grippage d'adaptation actif. Pour enclencher cette vitesse, il faut comprendre le degré de développement et de maturité de ses capacités d'adaptation. Plus quelqu'un a des capacités d'adaptation avancées, moins cette personne risque de se retrouver en grippage d'adaptation et, le cas échéant, elle y reste moins longtemps. Le fait d'être à ce niveau ne signifie pas qu'on ne peut pas avoir des ratés. Quand une personne atteint ce rapport de vitesses, on peut penser qu'elle a davantage prise et qu'elle a les capacités pour faire face à la vie et repartir sur la bonne voie après une déviation. Dans ce rapport de vitesse, on se sent sûr de soi et on sent qu'on a le contrôle de ses décisions et de sa vie. On accepte la responsabilité de ses pensées et de ses choix. C'est un rapport de vitesses que Sam n'a pas encore trouvé dans la vie. Une exception: quand il s'agit de son travail, il sait qu'il est compétent et qu'il a les capacités pour bien le faire. Il ne s'interroge jamais sur ses compétences professionnelles, seulement sur sa valeur. C'est peut-être la raison pour laquelle il reste où il est et ne cherche pas un emploi qui pourrait lui convenir mieux.

Le grippage d'adaptation peut être de courte ou de longue durée. Il arrive souvent qu'une personne qui se trouve devant un défi dans la vie connaisse un revers et reste en grippage d'adaptation le temps d'assimiler et de prendre des mesures pour faire face. Plus on passe du temps en grippage d'adaptation, moins on est enclin à croire, comme Sam, qu'il y a d'autres possibilités ou qu'il y a de l'espoir.

Le premier pas pour sortir du grippage d'adaptation est de prendre la responsabilité de ses pensées et de ses actes. Tant que ce premier pas n'est pas franchi, une personne n'est pas prête ni motivée à faire cesser le grippage d'adaptation. Il est normal de ne pas avoir les réponses et de ne pas savoir comment se sortir d'une situation. Le chemin vers un meilleur contrôle de notre vie est d'accepter que toutes nos décisions et tous nos actes nous appartiennent.

Pour faire cesser le grippage d'adaptation, il faut enclencher des vitesses. Le chapitre suivant passe en revue ce qu'il faut pour apprendre à atténuer le grippage d'adaptation et, finalement, le faire cesser complètement.

CHAPITRE 7

Atténuation du grippage d'adaptation

Les contraintes du travail et les exigences du supérieur de Sam restent la première source de stress entraînant son grippage d'adaptation. Sam sait que son supérieur est exigeant, mais qu'il ne l'attaquera vraisemblablement jamais, qu'il ne lui fera pas de mal physiquement.

Des gens ont essayé d'influencer Sam, sans grand succès jusqu'à présent. Par exemple, Sam a rejeté l'idée suggérée par son médecin que sa santé se détériorait à cause de ses choix de vie. Quand Sam se voit prescrire des antidépresseurs, il suppose que c'est à cause de son stress professionnel et pour l'aider à faire face pour qu'il puisse continuer à travailler. Au quotidien, il présente au monde une absence totale de réaction affective; il ne montre aucune émotion, ni bonne ni mauvaise; il a une attitude de neutralité.

Heureusement, Sam s'est rendu compte que sa réalité est créée par ce qu'il pense et non par ce que pensent les autres. Le cerveau humain calibre et adapte ses émotions et induit des comportements sur la base de croyances internes. Ces croyances ne sont pas aussi immuables que ne voudrait le faire croire quelqu'un comme Sam. Si la situation s'y prête et avec une influence propice, une personne peut changer ses croyances en un rien de temps.

Pensez à un enfant qui joue seul à la maison et qui est contrarié parce qu'il ne peut pas avoir ce qu'il veut. Il se plaint, fait un drame et assure qu'il ne jouera pas tant que ses parents ne lui donnent pas ses six voitures rouges. Cinq ne suffisent pas; dans sa tête, il a besoin des six voitures. Il pleure et réclame jusqu'à ce que ses parents mettent la maison sens dessus dessous pour trouver la sixième voiture. Le calme revient; l'enfant peut maintenant jouer tranquillement. Après avoir joué seul une quinzaine de minutes, il est rejoint par une de ses amies. Il interrompt immédiatement son jeu, s'assure que son amie veut jouer aux voitures, puis lui donne de bonne grâce trois des six voitures pour qu'elle puisse jouer.

En les observant, on peut noter que les deux enfants concentrent leur attention sur leurs voitures et non l'un sur l'autre. Ils jouent tous les deux, chacun avec ses trois voitures. Manifestement, l'enfant qui voulait six voitures a ajusté son système de croyances concernant ce dont il a besoin pour pouvoir jouer. Son cerveau a perçu et sait qu'il n'a plus que trois voitures, mais il peut contenir ses émotions et profiter de l'instant. Comment est-ce possible? Le cerveau a une incroyable capacité à s'adapter rapidement et à changer son système de croyances.

Que se passerait-il si Sam concentrait son attention sur ses compétences en informatique et sur son expérience établie dans la résolution de problèmes informatiques? Il a beaucoup de bonnes choses dans la vie, mais, parce qu'il se concentre exclusivement sur ce qui ne va pas, il a renoncé et il laisse son environnement influencer ses croyances, ses pensées et ses actes. À ce stade, si un grand changement survenait dans l'environnement de Sam, par exemple si quelqu'un s'intéressait vraiment à lui et gagnait sa confiance, que deviendrait son système de croyances concernant sa solitude? Si Sam était convaincu de la réalité de cette situation et y consentait, une relation solide et saine pourrait avoir sur lui une influence et un impact majeurs. Il existe une multitude de Sam de par le monde dont la vie pourrait connaître une amélioration spectaculaire s'ils pouvaient avoir une relation saine qui les aide à mettre en question leur système de croyances.

On pourrait dire que le bonheur dans la vie tient à une dose de compétences et à une dose de chance. Il est vrai que nous devons tous assumer notre comportement, mais, dans le même temps, il est important d'être pragmatique et pratique. Avec un peu de chance, Sam pourrait rencontrer une personne avec qui il pourrait avoir une connexion et bâtir une relation solide. Une nouvelle personne dans sa vie pourrait apporter un nouveau degré de réflexion. L'idée, ici, est qu'une personne en bonne santé physique et mentale fait mieux face à la vie si elle a un système de soutien sain qui met en question son système de croyances et fournit d'autres possibilités saines.

Sam n'a pas eu la chance de son côté. Il ne peut pas créer sa chance. Pourtant, la plupart des adultes ont déjà fait l'expérience de la rencontre d'une personne avec qui ils avaient un haut degré de compatibilité parce qu'ils étaient au bon endroit au bon moment. Un des problèmes pour les gens comme Sam pris dans un grippage d'adaptation est qu'ils croient que leur vie ne peut s'améliorer que si leur environnement change. Un peu de chance ne fait jamais de mal, mais il est difficile de compter sur la chance. Il est plus prudent de tracer sa propre voie.

Une fois que nous acceptons que nos comportements nous appartiennent, l'étape suivante est la prise de conscience que nos décisions et nos choix ont façonné notre système de croyances. Nos croyances déterminent nos attentes, nos désirs, nos besoins et nos valeurs. Un défi quotidien pour la plupart d'entre nous est la gestion de nos attentes, qui créent nos règles internes concernant ce dont nous croyons avoir besoin pour être heureux. Beaucoup de gens ont une grande partie de ce qu'ils veulent dans la vie, mais n'en tirent aucune satisfaction parce qu'ils accordent trop d'attention à ce qu'ils n'ont pas encore. Par conséquent, ils oublient de remarquer ou de célébrer qui ils sont et ce qu'ils ont accompli dans la vie.

Les capacités d'adaptation agissent dans le cerveau conscient. Elles dépendent d'un effort conscient pour résoudre des problèmes personnels et interpersonnels[20]. Elles aident à vivre les émotions puissantes qui peuvent naître de l'interaction avec l'environnement et elles sont la clé pour sortir du grippage d'adaptation. Chaque fois qu'une personne observe une différence entre ce qu'elle veut et ce qu'elle a, elle doit faire un choix et agir. S'abstenir de prendre une décision ou de faire un choix, c'est aussi agir[21].

La voie de Sam vers l'adaptation déterminera sa possibilité de sortir du grippage d'adaptation, autrement dit d'assumer la responsabilité de ses actes, bons ou mauvais. Tout ce qu'on peut faire, c'est prendre le contrôle de ses choix; on ne peut pas forcer les autres à faire ce qu'ils ne veulent pas faire. Espérer que quelqu'un change dans une situation donnée peut être dans notre intérêt personnel ou être un geste consciencieux, mais, en fin de compte, l'autre personne est responsable elle aussi de son comportement.

La réalité de chaque personne est déterminée par ses attentes. Les attentes sont des croyances dynamiques; elles ne sont pas toujours figées; on peut les influencer et les changer. Beaucoup de gens ne comprennent tout simplement pas qu'ils redéfinissent constamment leur réalité par leur interprétation de ce qu'ils ont comparativement à ce qu'ils attendent. Sam n'a pas encore réfléchi au fait que sa perception de sa réalité est assombrie par l'attention qu'il porte à ce qui ne marche pas dans sa vie. En théorie, il suffirait d'une conversation pour qu'il pense son univers différemment. Les croyances ne sont pas aussi figées qu'on pourrait le penser.

Sam n'a pas toujours pensé qu'il serait seul. Il rêvait de se marier un jour et d'avoir de l'amour et du bonheur dans la vie. Cependant, à mesure que sa vie passait et que sa stratégie d'adaptation malsaine se mettait en place, il s'est isolé des autres et son rêve s'est évanoui. Le cœur gros, Sam a donc accepté qu'il serait seul. Cette histoire a eu une influence sur son système de croyances.

S'il est vrai que Sam n'a jamais eu l'intention ni le désir d'être seul, pourquoi n'agit-il pas à présent? C'est simple. Mais simple ne veut pas dire facile à comprendre ni à assimiler. Sam a développé un système de croyances interne qui présuppose que sa vie sera difficile, qu'il sera seul jour après jour. C'est le « jour de la marmotte » de Sam; il s'attend à ce que sa vie soit la même chaque jour. Avoir des attentes modestes est la stratégie de Sam pour se prémunir contre le risque d'échec et de souffrance. Toute la souffrance associée à ses choix de vie n'est qu'une redevance qu'il paie pour obtenir ce qu'il veut tellement: la paix.

Sam n'est pas le seul à ne pas prendre de risques. Pour sortir du grippage d'adaptation, il faut prendre une décision et, parfois, prendre un risque. Pensez au type dans un bar. Il regarde autour de lui et remarque une femme qui lui paraît intéressante et belle. Il se dit intérieurement: « oh là là! ». Mais il est terrassé par l'idée de s'approcher d'elle et de se présenter. Il est plus sûr pour lui de se sentir seul plutôt que de se déclarer en allant se présenter. Pourquoi? Dans sa tête, il croit qu'il sera repoussé. Donc, pour éviter d'être rejeté, il ne prend pas de risque. Un observateur qui regarderait Sam ne comprendrait peut-être pas la crainte de l'échec qui le retient et qui en retient beaucoup d'autres. La souffrance perçue de l'échec les maintient dans leur réalité et leurs croyances présentes.

Une réalité tragique est que, dans le grippage d'adaptation, il n'y a jamais vraiment de paix, seulement de la souffrance et ses conséquences. Sam s'est convaincu que sa routine du soir lui apporte la tranquillité, mais ce n'est qu'une illusion qui crée une échappatoire insignifiante à son grippage d'adaptation. Il n'est pas heureux et il le sait. Mais, comme l'homme au bar, il est en sécurité dans son échec silencieux. La logique humaine n'est pas toujours rationnelle; les pensées de Sam sont influencées par sa dissonance cognitive.

La dissonance cognitive se définit comme un stress mental qui résulte de l'adhésion simultanée à deux croyances contradictoires.

Sam veut éviter les conflits avec le monde extérieur. Il s'est créé la règle interne qu'il est préférable pour lui d'être seul. Bien que cela soit douloureux, Sam considère que, de deux maux, il a choisi le moindre. Il a accordé ses cognitions et actes quotidiens qui ont été à l'origine de la rationalisation selon laquelle il sera toujours seul et que c'est dans son intérêt. Il croit qu'il joue les cartes que la vie lui a données.

L'adaptation en action

Le premier pas pour atténuer le grippage d'adaptation de Sam est d'examiner sa réaction à une situation qui détermine comment il va faire face. La figure 7-1 donne un aperçu visuel de l'adaptation en action. Ce diagramme se lit de gauche à droite et montre les étapes du processus d'adaptation. Il vise à mettre en évidence les différents moteurs et décisions qui aboutissent à des comportements sains ou malsains. Sam, comme vous le verrez, a programmé un schéma pour faire face à son supérieur. Pour résoudre une crise d'adaptation, il faut d'abord découvrir ce que la personne pense et l'influence de ses pensées sur son comportement. En fin de compte, Sam aura tout intérêt à désapprendre le grippage d'adaptation, inefficace, et à créer une nouvelle réflexion capable de mieux gérer les stimuli.

Interprétation:

Stimuli — Comme nous l'avons vu plus haut dans le grippage d'adaptation, les stimuli peuvent être externes ou internes, et la personne qui les reçoit n'a pas d'autre choix que d'adopter un comportement (c.-à-d. agir ou ne rien faire, qui est un acte également).

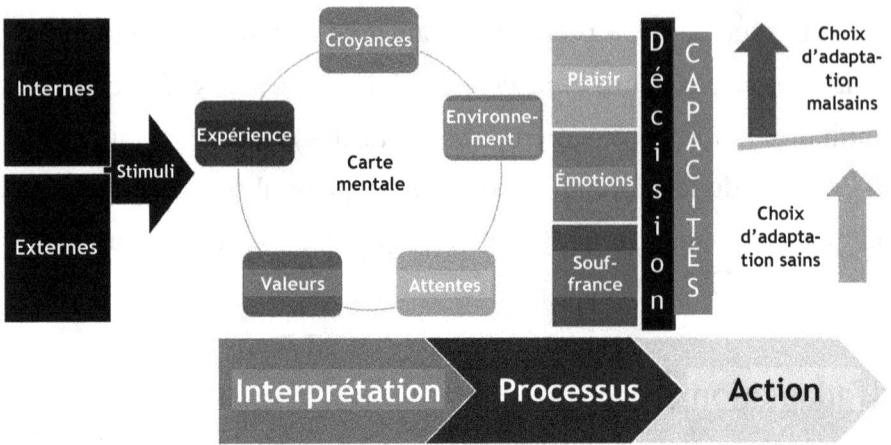

Figure 7-1 — **L'adaptation en action**

La carte mentale — C'est le moyen par lequel le cerveau se met à analyser la signification des stimuli. La carte mentale est la réalité de ce qu'on attend, ce qu'on croit et ce qu'on peut faire pour gérer sa vie. Elle influence le type de décisions qu'une personne prend. Voici un aperçu des différents éléments qui influencent et façonnent la carte mentale:

- **Expériences** — Éducation, rapports parents-enfants, mentors, activités personnelles et professionnelles. L'expérience devient l'expertise intégrée d'une personne, qui évolue tout au long de la vie. Elle est une occasion d'apprentissage qui peut façonner la carte mentale. Elle donne la possibilité de développer les compétences qui influenceront l'efficacité de la réaction à des stimuli. C'est bien différent des leçons apprises dans les livres; il s'agit d'un savoir-faire qu'on acquiert dans la vie et qui est en constante évolution.

- **Croyances** — Il s'agit des règles et des préférences qu'une personne adopte et accepte à propos d'elle-même et des autres. La difficulté est que ces croyances ne sont pas toujours rationnelles: certaines peuvent être irrationnelles. Sam s'est convaincu qu'il serait seul pour le restant de ses jours. Cette conviction découle entre autres de ses interactions d'enfant unique, de ses expériences scolaires, de ses relations avec ses parents et de ses interactions sociales qui ont façonné ses croyances concernant les avantages d'être seul, même si cela continue à lui peser. Avec sept milliards de personnes sur la planète, il est irrationnel pour Sam de penser qu'il n'y a personne pour lui et qu'il doit être seul. Sa croyance irrationnelle façonne sa réalité. Les croyances peuvent être positives ou négatives. Elles sont créées par la personne. Certaines se forment automatiquement sans débat; elles sont acceptées comme des lois. Les croyances influencent ce qu'une personne croit possible.

- **Environnement** — L'environnement inclut les systèmes de soutien et les ressources d'une personne, comme les relations, la stabilité financière et l'accès à des ressources professionnelles, y compris l'accès à l'aide aux employés et à leur famille, à des médecins et à des comptables. C'est le soutien ou les conseils qu'une personne sait pouvoir obtenir en cas de besoin dans son environnement. Les êtres humains sont des animaux sociaux et il est sain pour eux de chercher du soutien à l'extérieur d'eux-mêmes. L'environnement peut apporter des éléments tant positifs que négatifs. En fin de compte, la carte mentale détermine l'adaptation et les interactions avec l'environnement.

- **Valeurs** — Les valeurs sont différentes des croyances. Elles attachent des émotions à ce qui est bien, mal ou neutre. Elles sont le moyen par lequel les êtres humains codifient le monde sur le plan émotionnel et établissent des priorités dans leur vie. Par exemple, Sam a placé sa carrière en tête de ses priorités. Il n'accorde encore aucune valeur à sa santé. Les valeurs ont une influence sur les décisions humaines. Quand un employé n'adhère pas aux valeurs de son employeur ou ne les appuie pas, cela peut être un point de discorde.

- **Attentes** — Ce qu'une personne attend et qu'elle souhaite voir arriver. Chaque personne peut avoir des attentes différentes. Celles-ci définissent ce qui satisfait ses besoins dans les domaines de l'argent, du travail, des relations, du soi et de la santé. Les valeurs ont une influence sur l'établissement des attentes. Les attentes peuvent être très détaillées (p. ex. quant à la manière dont quelqu'un adressera la parole ou répondra, au temps qu'il lui faudra pour répondre et au moyen qu'il utilisera).

Cette carte mentale a une influence sur les émotions associées à un stimulus et à l'interprétation de ce stimulus comme une souffrance ou un plaisir. De nouveau, les êtres humains n'ont pas le choix: ils doivent agir. L'action exige une décision qui repose sur les compétences et l'expérience. Ensemble, les décisions et les compétences ont une influence sur la manière dont une personne traite le stimulus du point de vue de son choix d'adaptation. L'adaptation en action fournit un cadre qui montre que les décisions entraînent le grippage d'adaptation. Le cerveau fonctionne vite. Il peut donner rapidement une valeur à des informations (un stimulus). Quand le cerveau reçoit le stimulus, il l'étiquette comme positif, neutre ou négatif.

Le degré de maturité de la carte mentale de Sam détermine la capacité de celui-ci à faire face. Les capacités d'adaptation peuvent s'acquérir et elles évoluent quand nous commençons à prendre conscience que nos décisions et nos actes sont façonnés et influencés par chacun des morceaux de notre carte mentale. Le développement des capacités d'adaptation donne de l'assurance et des compétences pour faire face aux aléas de la vie.

Continuum d'adaptation

La manière dont une personne fait généralement face aux stimuli détermine sa position sur le continuum d'adaptation de la figure 7-2, qui montre l'aboutissement des capacités d'adaptation. L'adaptation peut être répartie en cinq catégories. Ce continuum correspond au continuum de santé mentale. Ce n'est pas un hasard si les choix en matière de capacités d'adaptation sont prédictifs de la santé mentale présente et future.

- *Adaptation à risque* — Le but de l'adaptation à risque est de s'éloigner de la souffrance. Sur le moment même, la personne qui est déterminée à adopter un comportement à risque ou qui prend un risque en adoptant un tel comportement se donne plus de possibilités de plaisir et détourne son attention de la souffrance. Les habitudes malsaines

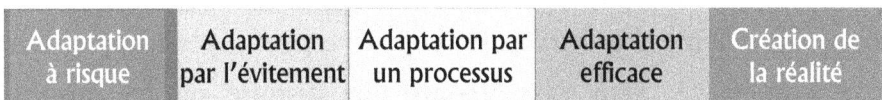

Adaptation à risque	Adaptation par l'évitement	Adaptation par un processus	Adaptation efficace	Création de la réalité

Figure 7-2 — Continuum d'adaptation

adoptées pour se sentir mieux le sont souvent sans vraiment évaluer le risque à court et à long terme. L'attention se porte sur le moment présent. La personne veut s'éloigner de la souffrance. Les facteurs souvent associés à l'adaptation à risque sont entre autres l'alcool, la drogue, le jeu, Internet, les achats, les sextos, la pornographie et la nourriture, des activités pendant lesquelles une forte proportion de la population se sent bien sur le moment. Toutes créent une illusion de contrôle d'une situation. L'inconvénient, c'est qu'elles ne traitent pas efficacement la cause fondamentale des problèmes sous-jacents et qu'elles ne les résolvent pas; elles ne font qu'en éloigner ou en séparer l'individu. En règle générale, celui-ci retrouve ses problèmes dès qu'il interrompt les comportements qu'il a adoptés pour se changer les idées.

• *Adaptation par l'évitement* — Il peut s'agir de divers comportements, par exemple s'abstenir de faire un choix (ce qui est un choix) ou avoir recours à une stratégie pour faire face qui consiste à éviter des gens, des endroits et des choses anxiogènes. La motivation est que la personne ne croit pas avoir les ressources ou les capacités nécessaires pour prendre en main la situation difficile devant laquelle elle se trouve ou qui constitue pour elle un défi. Beaucoup de gens n'aiment pas les conflits et les évitent par motivation intrinsèque parce qu'ils associent conflit et souffrance. De toute évidence, éviter quelque chose ne résout pas le problème. La dissonance cognitive peut jouer un rôle. Un exemple: Sam s'est raconté une histoire sur les raisons pour lesquelles la solitude lui convient.

- *Adaptation par un processus* — On entend par là le processus dans lequel une personne s'engage pour faire face. Certaines personnes sont contrariées et manifestent de fortes émotions avant de se calmer, de s'excuser et de tourner la page. En général, la personne passe par un processus qui laisse des traces. Elle doit utiliser de l'énergie pour surmonter ses émotions. Elle peut aussi avoir besoin de temps pour cela, de quelques heures à quelques jours, voire des semaines ou des mois. Une fois que la personne est capable de contrôler ses émotions, elle peut commencer à assimiler la situation et à chercher des options pour y faire face. À ce stade, elle peut commencer à adopter des comportements sains qui sont alors un moyen d'adaptation qui l'aide à trouver la stabilité. Comme quand le brouillard se dissipe, elle peut voir clairement la situation, prendre des décisions plus saines et faire face avec plus d'efficacité.

- *Adaptation efficace* — Il s'agit d'une adaptation saine: la personne peut réagir à ce qui se trouve devant elle d'une façon saine et sûre pour elle-même et les autres. Toutefois, elle réagit toujours à l'environnement plutôt que de le diriger. Ce n'est pas un problème, mais il faut souligner que la personne attend la vie plus qu'elle ne la crée. C'est le niveau qu'il faut atteindre pour éviter le grippage d'adaptation.

- *Création de la réalité* — C'est le mode d'adaptation par excellence. L'état d'esprit est totalement différent. La personne ne cherche pas à faire face à la vie, mais à la créer. Elle est capable d'encaisser les revers et de relever les défis qu'elle rencontre. Elle a une motivation intérieure qui la mène à créer avec assurance sa propre réalité. Ces personnes sont des leaders et des pionniers. Elles font bouger les choses plutôt que d'attendre que les choses bougent.

Des choix sains d'adaptation donnent de l'assurance et, donc, des aptitudes; ils contribuent à promouvoir et à créer le calme et la paix. Le développement des capacités d'adaptation peut être une tâche ardue. L'objectif est de réduire le risque de grippage d'adaptation, donc de créer sa propre réalité plutôt que de se contenter de réagir.

La catégorie d'adaptation dans laquelle une personne passe le plus clair de son temps influence l'espoir qu'elle ressent. L'espoir est la croyance qu'un mieux est possible.

Sam a fait de nombreux choix qui ont mis sa santé en péril. Toutefois, il a toujours fait le choix de vivre. Par conséquent, il ne voit peut-être pas de moyen de changer sa vie. Pourtant, il a trouvé une lueur d'espoir au moment où il se demandait s'il voulait vivre ou mourir. Que se passerait-il si Sam se donnait l'occasion de découvrir ou d'examiner les options pour améliorer sa vie? Ça pourrait être une leçon importante et une occasion d'apprentissage pour lui s'il se rendait compte que le cadre d'adaptation en action indique que sa démarche d'adaptation l'expose au risque de se retrouver au mauvais bout du continuum d'adaptation.

Pour renforcer ses capacités d'adaptation, il ne faut pas prendre beaucoup de décisions, il suffit d'accepter la responsabilité des décisions qu'on prend. Il s'agit en substance d'assumer sa vie et ses actes. L'étape suivante consiste à s'ouvrir à l'apprentis-sage du développement des capacités d'adaptation. On y parvient en cherchant une réponse à la question: « Comment développer mes capacités d'adaptation? ». Un système de soutien utile auquel on peut avoir recours peut inclure un médecin de famille, un conseiller d'aide aux employés et à leur famille, un psychologue, un travailleur social, un thérapeute professionnel, une université locale, des ressources de proximité ou Internet. Poser cette question est un pas dans la bonne direction. Le suivant consiste à y donner suite et à faire un effort concerté pour passer à l'action.

Il est évident qu'il est possible de développer des capacités d'adaptation plus saines. La preuve en est que des millions de personnes en Amérique du Nord consultent chaque semaine un conseiller professionnel, un thérapeute ou un psychiatre à la recherche de moyens de mieux faire face. Bon nombre d'entre elles trouvent un soulagement et des solutions. Beaucoup n'en trouvent pas parce qu'elles n'ont pas développé de capacités d'adaptation efficaces. Autrement dit, elles n'ont pas réussi à apprendre à faire face.

Les personnes qui font un effort pour acquérir des capacités d'adaptation prennent une décision qui, à terme, améliorera leur qualité de vie. Par bonheur, les capacités d'adaptation peuvent être enseignées et aider les gens comme Sam. Il y aurait peut-être moins de Sam si les capacités d'adaptation étaient développées à un âge plus précoce. Cela réduirait le risque de développer des problèmes de santé mentale d'origine psychosociale. La crise d'adaptation peut être évitée grâce à une intervention précoce ou, mieux encore, par la prévention.

De nombreux adultes n'ont jamais suivi de formation aux capacités d'adaptation et n'ont jamais appris à développer de telles capacités, ce qui se répercute sur leur prise de décision personnelle. Il n'est pas surprenant que nous soyons aujourd'hui dans une crise d'adaptation. Les faits sont clairs. Beaucoup de gens comme Sam prennent sciemment de mauvaises décisions tous les jours pour faire face au stress. Le moyen d'endiguer une crise d'adaptation est l'intervention précoce: il faut acquérir dès le plus jeune âge des capacités d'adaptation. Qu'une personne veuille apprendre à rouler à vélo, à lire ou à écrire, ou à mieux faire face, elle doit faire le travail nécessaire. La société ne peut pas le faire à sa place.

Pour avoir un effet sur la crise d'adaptation actuelle, il faudra un effort à l'échelon individuel; la crise ne peut pas être résolue par un mandat sociétal. Elle ne sera endiguée que pour une personne à la fois. La santé mentale et le bonheur de chaque personne dépendent de la manière dont celle-ci apprend à faire face à la vie.

D'abord, ne te trouble pas. Ensuite, considère attentivement la réalité, reconnais-la.

Quand tu es affligé par une chose extérieure à toi, ce n'est pas cette chose qui te pèse, mais ton jugement sur elle. Or, il t'est possible de l'effacer immédiatement.

Ne pense point aux choses que tu n'as pas, comme si elles étaient plus agréables que celles que tu as; fais plutôt le compte des biens les plus précieux que tu possèdes, et souviens-toi avec reconnaissance de ce qu'il aurait fallu faire pour les rechercher, si tu ne les avais pas.

~ Marcus Aurelius

CHAPITRE 8

Feuille de route pour mieux faire face

Le développement des capacités d'adaptation commence par l'apprentissage et la compréhension du fonctionnement de l'esprit. C'est un peu comme apprendre à skier: cela exige de la motivation, un choix délibéré, de la persévérance et de la détermination. Cela demande de la pratique et il faut s'attendre à ce que la maîtrise des capacités d'adaptation soit précédée par des échecs. Les bonnes intentions ne garantissent pas le succès. L'acquisition d'une habitude exige que des leçons soient tirées des échecs et qu'une capacité qui était un effort délibéré n'exige plus d'effort. La maîtrise des capacités d'adaptation fait alors naturellement partie intégrante de la vie.

Les personnes qui apprennent et comprennent l'adaptation en action et le continuum d'adaptation sont en mesure de commencer à assumer la responsabilité de la gestion de leurs décisions et de leurs actes. Cela contribue à mettre en lumière une voie plus saine et plus efficace vers l'adaptation.

Heureusement, Sam a décidé de suivre des séances de counseling. Il a eu une révélation en acceptant que sa réalité présente avait été créée par ses choix. Son conseiller a contribué à tempérer cette réalité en suggérant à Sam que nos actes dépendent de nos connaissances et de nos croyances.

Sam est intrigué de constater que les conversations qu'il a en psychothérapie commencent à avoir une influence sur son système de croyances; il commence à se rendre compte que ce counseling pourrait avoir un effet positif en cascade sur sa vie. En entendant parler du grippage d'adaptation, il a trouvé intéressante l'idée qu'il s'était convaincu de rester seul. Plus fondamentalement, alors que ce n'était pas ce qu'il voulait vraiment, il s'était convaincu que c'était tolérable. Son cerveau axé sur le domaine informatique a pu assimiler le modèle de l'adaptation en action et a découvert que sa carte mentale déterminait les choix qu'il faisait pour échapper à la souffrance.

Sam a franchi une étape décisive; il accepte désormais la responsabilité de ses actes. Ne sachant pas quoi faire, il est allé consulter son médecin de famille pour établir un plan. Il était prêt à assumer la responsabilité de ses actes, mais ne savait pas comment changer pour le mieux. Son médecin a été heureux de voir Sam décider de changer d'histoire et de sortir de la crise d'adaptation dans laquelle il est plongé depuis des années. Sam a également pris un rendez-vous auprès d'un conseiller recommandé par son médecin. Son but était de changer d'histoire. Il était un peu nerveux et se demandait si parler de la situation ne risquait pas de l'empirer.

Sam a pris une décision proactive en suivant des séances de counseling pour obtenir des conseils afin de développer les compétences essentielles dont il a besoin pour améliorer ses capacités d'adaptation. Il a accepté l'idée que ses choix ont eu des répercussions négatives sur sa qualité de vie et il commence à comprendre qu'une grande partie de la crise d'adaptation dans laquelle il est plongé vient du fait qu'il n'a pas conscience des moyens qu'il utilise pour faire face au stress. Il sait aussi que le développement de ses capacités d'adaptation commence par l'acceptation de la responsabilité de ses choix, de tous ses choix, bons ou mauvais.

Sam a hâte d'arriver au stade où il pourra commencer à gérer avec succès les puissantes émotions de crainte qui, pendant des années, ont alimenté de vieilles habitudes et de mauvais choix. Avec son conseiller, il a désormais une idée claire des cinq tâches de la vie qui lui donnent du fil à retordre ainsi que des attaques du stress sur l'esprit et le corps. Il prend également la mesure de l'interaction entre le conscient et l'inconscient et de la puissance des émotions qui entraînent des comportements, comme la peur. Il a aussi acquis une compréhension précieuse des concepts de grippage d'adaptation et d'adaptation en action. Il sait pourquoi il s'est retrouvé là où il était sur le continuum d'adaptation et il fait le lien entre ce continuum et la maladie mentale.

Sam est désormais familiarisé avec la voie vers l'adaptation c'est-à-dire avec les moyens de maîtriser l'adaptation. Il doit maintenant se pencher sur les différents types de compétences essentielles qui l'aideront à améliorer ses capacités. Son conseiller lui a suggéré de suivre une formation aux capacités d'adaptation en plus du counseling, par exemple le programme de neuf semaines *Pathway to Coping*, un programme d'apprentissage en ligne entièrement à la demande proposé par l'Université du Nouveau-Brunswick (voir l'annexe A). Le but des programmes de ce type est de donner aux gens comme Sam l'occasion d'étudier en profondeur des éléments essentiels au développement des capacités d'adaptation.

En counseling, Sam a bénéficié d'une introduction à plusieurs éléments fondamentaux qui sont importants pour commencer à développer des capacités d'adaptation. Son conseiller a utilisé le cadre suivant, en trois étapes, intitulé *1-2-3 Je peux faire face*, pour guider Sam dans son parcours de développement des capacités d'adaptation.

1-2-3 Je peux faire face

Étape 1 Prise de conscience — La première étape a consisté pour Sam à établir des indicateurs de référence de ses aptitudes d'adaptation présentes. La ressource gratuite *Your Life at Work*[23] (votre vie au travail) publiée dans le *Globe and Mail* lui a été recommandée. Elle comprend trois outils qui aident à déterminer des indicateurs de référence de l'adaptation face au stress de la vie (pour un lien vers les questionnaires, reportez-vous à l'annexe B).

- *Quality of Work Life* (qualité de vie au travail; pour les employés en milieu de travail qui veulent évaluer l'impact de leurs capacités d'adaptation sur leur état de santé général)

- *Quality of Life* (qualité de vie; pour les personnes qui veulent évaluer si elles font face adéquatement à la vie en général)

- *Quality of Student Life* (qualité de la vie des étudiants; pour les élèves de la fin du secondaire et les étudiants des collèges et universités qui veulent savoir s'ils font face adéquatement aux exigences scolaires)

Chacun de ces trois outils est conçu pour fournir des références rendant compte de la façon dont une personne fait face au stress et des corrélations qui existent avec son engagement et sa santé. Nos recherches par l'intermédiaire du *Globe and Mail* ont montré que les capacités d'adaptation sont un indicateur précurseur. Cette étude corrobore les conclusions de mon projet de recherche de doctorat, qui a montré que les capacités d'adaptation sont un modérateur (c.-à-d. qu'il a montré le rôle joué par les capacités d'adaptation) entre le stress perçu et la santé. Autrement dit, les personnes qui ont des capacités supérieures d'adaptation courent en moyenne moins de risque de compromettre leur santé et sont davantage capables de s'impliquer dans la vie de manière proactive et saine.

Sam a choisi l'outil *Quality of Life*. Il a pris son temps et a lu les articles à propos de Jacques et Julie (voir l'annexe B), ce qui l'a aidé à se rendre compte qu'il n'était pas seul et à constater le rôle et les répercussions que peuvent avoir les capacités d'adaptation sur la qualité de vie.

Son conseiller a invité Sam à réfléchir à la catégorie (passé, présent et avenir; voir la figure 8-1) dans laquelle son esprit passe

Figure 8-1
Indiquez le temps, en pourcentage, que votre esprit passe chaque jour dans chacune des catégories. Note: Le total ne peut pas dépasser 100%.

Passé	PRÉSENT	Avenir

la plus grande partie de son temps. Il a aidé Sam à voir l'intérêt de développer ses capacités d'adaptation. Pour cela, Sam doit se concentrer sur le PRÉSENT. Le conseiller a tenu à ce que Sam sache que l'esprit, laissé sans supervision, a tendance à aller et venir entre le passé et l'avenir. Cette fixation sur les échecs du passé et la possibilité d'échecs futurs est une source inutile de tristesse et d'anxiété, en particulier si la situation passée est liée à un grippage d'adaptation. Le conseiller a jugé important de faire remarquer à Sam que les pensées automatiques surviennent souvent sans crier gare.

Il a demandé à Sam de réfléchir à ce que fait son esprit quand il a le sentiment que son supérieur a été impoli envers lui. Il voulait que Sam comprenne qu'il est tout à fait normal d'avoir des pensées aléatoires. Les pensées importent peu au regard de ce qu'on en fait. Le conseiller voulait que Sam comprenne qu'il est parfaitement normal pour l'inconscient de créer des idées intéressantes que le conscient étouffe ou accepte rapidement.

Il a aidé Sam à se rendre compte que certains de ses choix avaient été créés par son inconscient. Il a jugé particulièrement important de préciser que, quand le conscient ne les étouffe pas, les pensées automatiques peuvent se mettre à influencer les émotions, les pensées et les comportements, ce qui peut entraîner un grippage d'adaptation. Sam a commencé à voir que plusieurs histoires liées à son grippage d'adaptation se répercutaient sur son comportement tant chez lui qu'au travail. Pour contribuer à la normalisation du concept de grippage d'adaptation, le conseiller a aidé Sam à comprendre que l'esprit humain était parfaitement capable de se raconter plusieurs histoires simultanément.

Sam a appris que la moyenne des gens consacrent en général moins de 20 pour cent de leur énergie mentale à se concentrer sur le présent. Il n'est pas rare qu'on ressasse des nouvelles de la veille comme si elles étaient un prolongement du présent. Si l'histoire est douloureuse, c'est vraisemblablement un grippage d'adaptation. C'est la marche arrière décrite plus haut.

Sam est fasciné par le fait que sa carte mentale repose sur ce qu'il pense de sa réalité présente. Ses conversations internes ont été sa réalité. Sam a accepté que sa réalité s'est créée de l'intérieur vers l'extérieur et non l'inverse. Il a confié à son conseiller qu'une de ses grandes révélations a été que ses capacités d'adaptation déterminent en définitive sa réponse à tout stimulus.

Sam a rempli le questionnaire d'évaluation *Quality of Work Life*, il a déterminé ses indicateurs de départ en matière de capacités d'adaptation et il a vu l'effet de ses capacités sur son

---

Étape 1: Suivi

- Quels enseignements avez-vous tirés de la réalisation de l'évaluation?

- Quelle proportion de votre temps passez-vous dans le moment présent?

- Connaissez-vous actuellement un grippage d'adaptation?

- Au cours des six derniers mois, où vous trouviez-vous sur le continuum d'adaptation?

- Si vous amélioriez vos capacités d'adaptation, quel pourrait être l'impact positif sur votre vie? Soyez spécifique. Qu'est-ce qui irait mieux?

engagement et sur sa santé. La séance de suivi avec son conseiller a porté sur les questions suivantes:

Sam est content d'avoir fait ce premier pas. Il a désormais des connaissances plus poussées que jamais sur l'adaptation. Il apprécie le fait que son conseiller décompose sa crise d'adaptation en éléments faciles et assimilables qu'il peut comprendre. Sam a demandé à son conseiller pourquoi les capacités d'adaptation ne lui avaient pas été enseignées de manière formelle pendant les années qu'il a passées dans le système d'éducation. La réponse du conseiller: « Sam, je ne sais pas; je sais seulement que ces capacités sont nécessaires et précieuses. Peut-être que les préoccupations actuelles autour de la santé mentale pousse-ront un plus grand nombre d'organisations, y compris le système d'éducation, à consacrer davantage de temps et d'énergie à l'enseignement des capacités d'adaptation. »

Étape 2 Inventaire — La deuxième étape que le conseiller a proposée à Sam a été de créer un inventaire détaillé des ressources de soutien disponibles dans son environnement auxquelles il peut avoir recours pour l'aider à faire face à la vie. Le conseiller a tenu à préciser que, si nous sommes tous responsables de nos propres choix, cela ne veut pas dire que des systèmes de soutien n'ont pas leur utilité. Des relations saines et de soutien sont salutaires pour tout le monde. Il est bon d'avoir une personne de confiance à qui soumettre ses idées et qui peut remettre en question nos choix les moins judicieux. Le conseiller a voulu que Sam sache que personne n'est parfait; nous sommes tous faillibles et nous commettons tous des erreurs. Sam découvre rapidement que le counseling est efficace pour lui, car il contribue à donner un cadre qui facilite la responsabilisation. Le conseiller a dit à Sam que le programme *Pathway to Coping* ne fera que contribuer au renforcement de ce concept, l'outil incluant des leçons et activités hebdomadaires à utiliser à des fins d'autosurveillance.

Facteurs environnementaux

Sam a réalisé l'activité du tableau 8-1 pour évaluer les ressources de soutien dont il dispose.

Le conseiller de Sam voulait que celui-ci commence à comprendre que les êtres humains sont des créatures sociales; ils s'en

Tableau 8-1 — Facteurs environnementaux		
Inscrivez chaque élément ci-dessous à l'actif ou au passif; l'élément ne peut pas être les deux. Cochez une option pour chaque élément, puis comptez vos marques pour déterminer le ratio de l'actif sur le passif. L'objectif est de trouver votre indice de référence actuel. À mesure que vous développerez vos capacités d'adaptation, vous pourrez faire passer certains éléments du passif à l'actif.	**Actif**	**Passif**
1. Famille — soutien d'une famille aimante et bienveillante		
2. Partenaire — partenaire aimant et bienveillant		
3. Argent — stabilité financière		
4. Travail — fonctions rémunérées ou non qui vous plaisent et que vous trouvez gratifiantes		
5. Logement — logement sûr et propre répondant à vos besoins		
6. Systèmes de soutien (p. ex. programme d'aide aux employés et à leur famille, communauté, médecin de famille) — accès à des ressources disponibles en cas de besoin		
Total		

sortent mieux dans un groupe sûr et sain qu'en solitaire. Sam avait plus d'éléments au passif qu'à l'actif. Son conseiller l'a assuré que le développement de ses capacités d'adaptation lui permettrait de faire passer des éléments du passif à l'actif.

Sam s'est mis à imaginer combien il serait bon d'avoir une partenaire aimante qui le soutienne et des amis avec qui parler tous les jours. Il a également commencé à se rendre compte que ce processus visait entre autres à l'aider à gagner de l'assurance pour apaiser ses craintes et prendre en main les facteurs de stress qu'il perçoit afin de pouvoir avancer. Tous les éléments matériels de la vie de Sam sont en place: travail, argent et logement. Ce qui lui manque, c'est l'élément humain.

Valeurs importantes dans la vie

La leçon suivante que le conseiller voulait voir avec Sam concernait l'importance des priorités. Nous établissons des priorités pour consacrer de l'énergie aux choses auxquelles nous accordons le plus de valeur. Le conseiller voulait que Sam comprenne que les comportements addictifs font exception à cette règle. Il a aidé Sam à comprendre qu'il avait développé une dépendance alimentaire.

Il a fait remplir à Sam un questionnaire de dépistage de la dépendance alimentaire (voir l'annexe C) parce que Sam utilisait la nourriture pour se sentir bien, comme récompense. Sam avait beau essayer de faire preuve de discipline sur le plan alimentaire, ses pulsions prenaient le dessus et il mangeait tous les soirs sa ration de malbouffe.

Le défi que pose la dépendance, c'est qu'elle peut être psychologique et physique. Les substances chimiques comme l'alcool et d'autres drogues créent une forte dépendance physique. La dépendance est alors renforcée au travers de la menace des symptômes de sevrage qui apparaissent quand on essaie d'arrêter de l'alimenter. Quand la personne concernée se sent mal, elle cherche la substance à laquelle elle est dépendante pour se sentir mieux.

Les dépendances psychologiques comme la nourriture peuvent être fortes également. Dans la plupart des dépendances, des déclencheurs de stress entraînent le comportement en question. Le déclencheur est un stimulus qui encourage l'organisme à trouver la façon la plus rapide d'apaiser la souffrance. Les dépendances psychologiques sont fortes parce qu'elles créent l'illusion d'un soulagement. Sam s'est rendu compte que sa dépendance alimentaire l'empêchait d'accorder de la valeur à sa santé et à sa dignité; il n'était pas satisfait de son corps ni de sa condition physique. Une fois encore, son conseiller a voulu encourager la normalisation en rappelant à Sam qu'il n'était pas seul. Beaucoup de gens tombent dans le piège d'habitudes qui ne sont pas dans leur intérêt, mais qui leur servent d'échappatoire.

Le conseiller a ensuite suggéré à Sam un plan pour contrôler sa prise alimentaire et il a aidé Sam à l'élaborer. Il a aussi abordé la question de la mise en place d'un programme de prévention des rechutes. Il a dit à Sam qu'il commettrait vraisemblablement des

Ce n'est pas le plus fort qui survit ni le plus intelligent. C'est celui qui sait le mieux s'adapter au changement. ~ Charles Darwin

écarts et de ne pas se concentrer sur le négatif. Les écueils sont aussi des occasions d'apprentissage: « Qu'est-ce qui m'a fait céder à mon envie? Comment mieux gérer cette situation dans l'avenir? ». Le conseiller ne veut pas que Sam compte ses dérapages, mais qu'il mesure le temps qu'il lui faut pour repartir sur la bonne voie après avoir dérapé. Le conseiller a ensuite orienté la conversation sur l'importance des valeurs.

Sam découvre la notion selon laquelle la valeur que chacun accorde aux éléments suivants influence sa détermination et sa motivation à agir. Dans le tableau 8-2, Sam a été invité à évaluer l'importance à ses yeux de six grandes valeurs existentielles. Il est clair qu'il y a beaucoup d'autres choses qui ne sont pas sur la liste et auxquelles on peut accorder de la valeur. Cette liste se concentre à dessein sur des éléments de nature à favoriser la réussite devant les cinq défis de la vie.

Sam est intelligent; il a commencé à comprendre que ses capacités d'adaptation jouaient un rôle dans son état de santé physique et psychologique. L'exercice a révélé qu'il ne se considé-

Tableau 8-2 — Valeurs importantes dans la vie	
Valeur	**Évaluation**
1. Santé (esprit et corps)	Élevée — Moyenne — Faible — S.o.
2. Relations	Élevée — Moyenne — Faible — S.o.
3. Communauté	Élevée — Moyenne — Faible — S.o.
4. Travail	Élevée — Moyenne — Faible — S.o.
5. Argent	Élevée — Moyenne — Faible — S.o.
6. Soi (estime de soi)	Élevée — Moyenne — Faible — S.o.

rait pas lui-même et ne considérait pas sa santé comme une valeur importante et digne d'attention dans la vie. Le conseiller a encouragé Sam à remarquer que son environnement et ses valeurs avaient joué un rôle dans sa voie vers l'adaptation. Sam a l'occasion de changer de voie, mais il devra faire le travail nécessaire; personne ne peut le faire à sa place et il n'y a pas de raccourci.

Sam est maintenant prêt à passer à l'étape suivante et à développer ses capacités d'adaptation. Ses conversations internes ont été sa réalité. Pendant une séance, son conseiller lui a demandé: « Sam, qu'est-ce qui t'amène réellement ici? ».

Sam a répondu: « C'est maintenant clair pour moi. J'ai décidé qu'il était temps de faire face à la vie avec plus d'efficacité. Je ne le fais pas bien et je sais maintenant que, pour me prendre en main, je dois assumer mes choix. Je ne sais pas combien de temps il faudra pour que je me sente beaucoup mieux, mais je me sens déjà mieux à l'idée qu'il y a une issue et que je ne suis pas seul. Les gens enlisés dans des situations similaires à la mienne peuvent apprendre à vivre une vie plus saine qui soit intéressante. Je suis heureux que ce jour soit arrivé. »

Le conseiller de Sam lui a fait faire l'exercice suivant sur les valeurs. Sam a remarqué que, jusqu'à ce jour, il n'avait probablement jamais accordé de valeur à lui-même et à sa santé.

Étape 2 – Suivi

- Avez-vous confiance en vos systèmes de soutien environnementaux?

- La valeur que vous attachiez à votre santé et à vous-même vous surprend-elle?

Après quelques séances avec le conseiller, Sam a commencé à se rendre compte que ses décisions avaient façonné sa vie. Il était désormais prêt à changer.

Étape 3 Mouvement — Sam a pris la décision de faire un changement et, pour cela, il sait qu'il devra continuer à apprendre et à agir. Il est désormais en mouvement. Il suit des séances de counseling, il est ouvert à l'apprentissage et — c'est important — il accepte des idées qu'il met en pratique chez lui.

Le conseiller est déterminé à travailler avec Sam pour que celui-ci développe les connaissances et les compétences qui renforceront sa capacité de faire face à la vie. Sam a également accepté de suivre dans son temps libre un cours de neuf semaines de formation aux capacités d'adaptation. La prise de conscience est le début du changement, et Sam a finalement pris conscience de sa situation. Il a accepté qu'il était le capitaine de son navire. Il ne maîtrise pas encore parfaitement le gouvernail, mais il sait qu'il est à la barre.

Au cours de ses rencontres avec son conseiller, il a entamé un parcours d'exploration des grands thèmes qui ont une influence sur les capacités d'adaptation. À chaque séance, le conseiller a choisi un thème ou deux et en a discuté avec Sam. Après la séance, il a donné à Sam des devoirs à faire à la maison et des éléments sur lesquels travailler avant la prochaine rencontre. Le conseiller a précisé que le vrai travail avait lieu en dehors des séances de counseling, quand on commence à mettre ses compétences en pratique et à se les approprier.

Voici un aperçu des thèmes que Sam a abordés pendant ses séances de counseling:

- **Locus de contrôle** — Ce continuum a deux extrémités. L'une est appelée le locus de contrôle externe. À cette extrémité du continuum, les gens adoptent le point de vue selon lequel le monde extérieur détermine ou influence grandement les circonstances qui sont les leurs et leurs choix. Sam se sent très proche de ce thème. Dans le passé, quand son supérieur lui confiait une tâche difficile, à effectuer dans des délais serrés, Sam se sentait désemparé. Le locus de contrôle interne est la croyance selon laquelle le monde externe ne fait que donner des informations et chacun est responsable de ses choix. Donc, les agissements du supérieur de Sam n'étaient peut-être pas une expérience plaisante pour Sam, mais, dans la perspective du locus de contrôle interne, l'employé croit qu'il a le choix de sa réaction. Sam a commencé à comprendre que rentrer chez lui et s'apitoyer sur son sort ne l'aidait pas, en particulier quand il grignotait et passait la soirée à manger. Le travail dans la perspective du locus de contrôle interne a aidé Sam à s'affranchir des émotions liées au sentiment de faiblesse qu'il avait parce qu'il ne s'affirmait pas. Il apprend maintenant à prendre du recul et à réfléchir aux options qui s'offrent à lui pour résoudre ses problèmes de manière constructive (p. ex. parler à son supérieur de ses échéances et attentes). La position du locus de contrôle interne est nettement plus avantageuse et moins influencée par des facteurs de stress externes, même si cela ne signifie pas qu'une personne qui tourne son attention vers l'intérieur ne connaît pas le stress. L'important, c'est qu'il ne s'agit pas d'un trait de caractère, mais d'une capacité qu'on peut développer par une prise de conscience et de la pratique.

- **Intelligence émotionnelle (IÉ)** — Sam découvre la notion selon laquelle l'intelligence émotionnelle influence l'efficacité avec laquelle une personne parvient à être positive, motivée, empathique, consciencieuse et compétente socialement[24]. L'IÉ aide à expliquer pourquoi certaines personnes sont mieux à même de reconnaître leurs propres sentiments et ceux des autres, de se motiver et de gérer leurs émotions intérieures et celles qui surgissent dans leurs relations. En apprenant à développer son IÉ, Sam s'est rendu compte que celle-ci l'aidait à mieux contrôler ses émotions et à avoir plus d'empathie pour lui-même. Plus les capacités sont élevées dans chaque domaine, plus l'intelligence émotionnelle est élevée. Le quotient émotionnel (QÉ) est un meilleur facteur prédictif que le quotient intellectuel (QI) de la capacité d'un employé à fonctionner en milieu de travail. L'intelligence émotionnelle peut s'acquérir, alors que le QI est souvent immuable. Sam savait qu'il avait l'intelligence nécessaire pour remplir ses fonctions et le QI nécessaire pour réussir. Il a été heureux d'avoir l'occasion de découvrir que l'IÉ pouvait l'aider à acquérir une meilleure compréhension de la gestion et du contrôle de ses émotions.

- **Optimisme ou pessimisme** — Sam a découvert lors des séances de counseling qu'il était fondamentalement pessimiste. Autrement dit, Sam s'attend en général au pire et, souvent, il le recherche[25]. Par rapport à une personne optimiste, le pessimisme de Sam l'a exposé à davantage d'anxiété, de stress et de problèmes de santé potentiels au quotidien. Sam a appris que les optimistes ont le don de la réinterprétation positive[26]. C'est leur capacité de voir le côté positif, le verre à moitié plein. Une personne qui vit dans un état optimiste est mieux placée pour réagir aux facteurs de stress de la vie. Cela ne veut pas dire que les pessimistes sont voués à l'échec. Quand il s'agit de prendre des décisions, le pessimisme aide à faire preuve de prudence. Sam portait un regard pessimiste sur son avenir et, de ce fait, quand les choses n'ont pas changé, son évaluation s'est avérée. Il s'est rendu compte pendant les séances de counseling qu'il pouvait apprendre à devenir plus optimiste et il a découvert les avantages qu'il y a à chercher le positif et les occasions à saisir plutôt que de gérer ses attentes en se condamnant à l'échec. Sam a eu une révélation: *« Pas étonnant que je sois déprimé, j'ai toujours pensé que mes relations étaient vouées à l'échec. »*

- **Sensibilisation à l'apprentissage** — Le conseiller a tenu à ce que Sam sache qu'il est une machine à apprendre, qu'il est capable d'acquérir de bonnes comme de mauvaises habitudes. Il a enseigné à Sam un concept appelé apprentissage vicariant (également appelé apprentissage par l'observation), selon lequel tout apprentissage humain peut provenir de l'observation du comportement d'autrui[27]. Sam n'avait pas de modèle de rôle positif. Les

êtres humains peuvent apprendre sans forcément repro-
duire un comportement ni recevoir une récompense
(positive ou négative). Par conséquent, on peut apprendre
de bonnes et de mauvaises habitudes en observant les
autres. L'isolement de Sam l'a empêché d'avoir des
interactions sociales qui lui auraient permis d'acquérir de
nouvelles compétences. Le conseiller de Sam a invité celui-
ci à réfléchir aux types de compétences qu'il pourrait
acquérir grâce à des contacts avec des gens, comme une
simple interaction sociale, une simple conversation, ainsi
qu'aux relations solides et saines que les gens bâtissent par
l'écoute, la communication et la constance.

- **Auto-efficacité** — Sam a découvert le concept de
  l'influence de l'auto-efficacité sur ses croyances internes.
  L'auto-efficacité de Sam détermine dans quelle mesure il
  est confiant, quand il se réveille le matin, qu'il pourra tenir
  avec efficacité jusqu'à la fin de la journée[28]. Le conseiller
  de Sam lui a expliqué que le développement de son auto-
  efficacité nécessitera celui de ses compétences personnelles
  (connaissances et capacités), par exemple dans les domaines de l'interaction sociale, de la résolution de conflits,
  de l'affirmation de soi et de la communication. Cela aidera
  Sam à développer son estime de soi. Une hypothèse
  plausible est que le degré d'auto-efficacité soit corrélé à la
  probabilité de pouvoir mieux faire face au stress professionnel. Les fonctions exercées déterminent les types de
  compétences fondamentales nécessaires pour acquérir des
  capacités techniques, de communication, de leadership et

de gestion. Une personne peut avoir de solides capacités d'adaptation, mais demeurer incapable de remplir son rôle à cause d'autres lacunes dans ses capacités. Pour découvrir pourquoi quelqu'un comme Sam vit du stress au travail, il est utile d'évaluer si la cause est un manque de capacités d'adaptation ou des lacunes dans les compétences fondamentales liées aux fonctions occupées.

Étape 3 – Suivi

- Quelles mesures prendrez-vous pour élargir vos connaissances et compétences dans chacun des cinq thèmes susmentionnés (p. ex. lectures, cours)?

- Citez un enseignement tiré de chacun des cinq thèmes que vous pouvez mettre en pratique dès aujourd'hui.

Sam a entamé le processus de développement de ses capacités d'adaptation avec son conseiller. Son but est d'apprendre à évoluer dans le grippage d'adaptation afin de pouvoir prendre des décisions plus saines sous la pression. Il sait qu'il est temps de se défaire de ses vieilles habitudes et d'en adopter de nouvelles et il commence à se sentir mieux en sachant que sa vie lui appartient et qu'il est responsable de ses actes. Le conseiller de Sam a pu aider celui-ci par la normalisation de sa situation pour qu'il prenne conscience que son cas n'avait rien d'exceptionnel. Il a également aidé Sam à se rendre compte qu'il n'était pas seul; toutefois, la leçon la plus importante est que des gens dans une situation comme celle de Sam ont appris à changer leur vie pour le mieux. Sam comprend pour la première fois qu'il peut avoir l'espoir d'une vie meilleure.

Sam a trouvé intéressante chacune des séances avec son conseiller, dont il apprécie la perspicacité et les encouragements.

Sam s'aperçoit rapidement que chaque personne doit faire face et s'adapter à des facteurs de stress tant dans la vie qu'au travail. Il est impossible d'y échapper et la chance n'y est pour rien: c'est la vie. Là où il y a des gens, il y a des conflits, parce que nous voyons tous le monde différemment et que nous avons des attentes différentes. C'est une réalité à laquelle on ne peut échapper.

La démarche de Sam jusqu'à présent a été de se cacher et d'éviter la vie. Mais, aux séances de counseling, il découvre que le stress peut revêtir les formes les plus diverses. Certains facteurs de stress sont réels; d'autres sont perçus. Sam a eu une révélation importante en apprenant que le stress pouvait provenir du monde extérieur, de l'inconscient (automatique) ou du conscient. Quand

Toutes les actions des hommes se rapportent nécessairement à sept causes qui sont: le hasard, la nature, la violence, l'habitude, la raison, la colère et la convoitise.

Il y a plusieurs façons d'échouer, mais il y a une seule manière de réussir.

Dans la pauvreté comme dans toute autre infortune, les amis sont l'unique refuge. L'amitié d'ailleurs est un secours aux jeunes gens, pour les préserver de l'erreur; aux vieillards, pour leur assurer des soins et suppléer à leur manque d'activité dû à la faiblesse; à ceux enfin qui sont dans la fleur de l'âge, pour les inciter aux nobles actions.

Vous ne ferez jamais rien dans ce monde sans courage. C'est la plus grande qualité de l'esprit à côté de l'honneur.

Nous sommes ce que nous répétons sans cesse. L'excellence n'est donc pas un acte, mais une habitude.

~Aristote

la réaction à des stimuli n'est pas adéquate, ceux-ci déclenchent souvent une réponse de stress qui est prévisible. Quand les choses en sont là, les êtres humains n'ont pas le choix: ils doivent agir. Le conseiller a rappelé à Sam les paroles célèbres d'un arbitre de baseball, qui sont applicables à tous les êtres humains: « Ce n'est rien tant que je n'ai pas dit ce que c'était. » Autrement dit, quand la vie envoie à Sam des informations, Sam est le seul à pouvoir déterminer si celles-ci sont constructives ou destructives, utiles ou inutiles.

À la figure 8-2, la voie vers la santé passe par les capacités d'adaptation. Ce graphique montre que tout le stress de la vie et du travail est traité intérieurement. Sam est finalement parvenu au stade où il sait que son avenir dépend de ses actes et de sa détermination à acquérir et à mettre en pratique des capacités d'adaptation. Il a également appris que, s'il prend de temps à autre une mauvaise décision, accepter et assumer ces décisions est fonda-

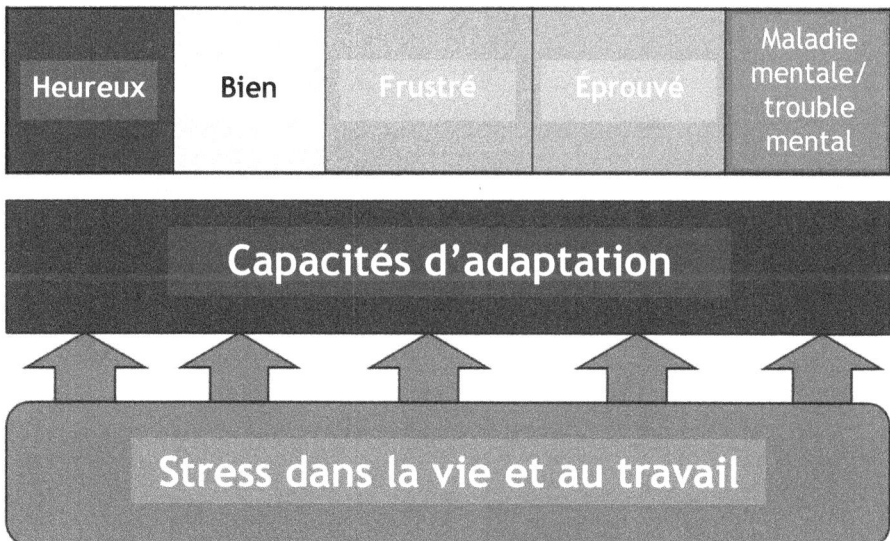

Heureux	Bien	Frustré	Éprouvé	Maladie mentale/ trouble mental

Capacités d'adaptation

Stress dans la vie et au travail

Figure 8-2 — La voie vers la santé

mental pour repartir sur la bonne voie. Le conseiller a aidé Sam à se rendre compte que fixer des normes impossibles, c'est se vouer à l'échec.

Sam accepte l'idée selon laquelle l'apprentissage de capacités d'adaptation est un processus de développement dans lequel il est normal de connaître l'échec et de retomber dans de vieilles habitudes. Ce n'est pas l'échec qui détermine la réussite; c'est le temps qui s'écoule avant la tentative suivante.

Sam a entamé son parcours de développement des capacités d'adaptation. Il a pris la résolution d'aller à des séances de counseling deux fois par mois pendant six mois et de suivre la formation de neuf semaines *Pathway to Coping Skills*. Il comprend qu'il est au début de son cheminement. Il s'est fixé des objectifs modestes et il continue à collaborer avec son médecin pour commencer à faire de l'exercice physique en sécurité. Au cours des trois prochains mois, il va concentrer son attention sur son alimentation, son hydratation et sur la marche pour acquérir de l'endurance. Il ne veut pas disperser ses efforts.

Désormais, chaque soir, au lieu de regarder la télévision, il est en ligne et travaille au programme Pathway to Coping, il fait son évaluation, il lit et il regarde sur YouTube des témoignages qui l'inspirent. Ce n'est pas un plan parfait, mais c'est le plan de Sam.

NOTES BIBLIOGRAPHIQUES

Chapitre 2

1: Lazarus, R.S. « Evolution of a model of stress, coping and discrete emotion », dans V.R. Rice (dir. publ.), *Handbook of stress, coping and health.* Thousand Oaks (Californie); Sage, 2000.

2: Howatt, W. *Introducing the* Quality of Work Life *Study (QWL)* White Paper version 2.4., 2013.

3: www.theglobeandmail.com/report-on-business/careers/career-advice/life-at-work

Chapitre 3

4: www.mentalhealthcommission.ca/English/system/files/private/document/Investing_in_Mental_Health_FINAL_FRE.pdf

5: Canadian Occupational Safety. www.cos-mag.com/psychological-safety/psychological-safety-stories/4587-new-study-launched-on-mental-health-in-mining.html

6: www.amazon.ca/Talop-Beyond-Engagement-William-Howatt/dp/0992057116

7: www.suicideprevention.ca/understanding/suicide-and-high-risk-groups

8: Glasser, W. *La liberté de choisir,* traduit par J.-P. Laporte, Montréal, Logiques, 1998. Titre original: *Choice theory.*

9: Petri, H. *Motivation: Theory, research and applications* (4ᵉ éd.), Pacific Grove (Californie), Brooks/Cole, 1997.

10: Jacobs, C. *Management rewired*, New York, Penguin Books, 2010.

11: www.psychologytoday.com/blog/what-doesnt-kill-us/201301/coping-crisis

12: Selye, H. *Le stress de la vie: le problème de l'adaptation*, traduit par P. Verdun, Paris, Gallimard; Saint-Laurent, Lacombe, c1975 . Titre original: *The stress of life.*

13: Glasser, W. *La théorie du choix*, traduit par G. Sirois, Montréal, Chenelière/McGraw-Hill, c1997. Titre original: *Control theory*.

14: Ellis, A. *Growth through thought,* Palo Alto (Californie), Science and Behaviour Books, 1980.

15: Edelwich, J. et Brodsky, A. *Burnout: Stages of disillusionment in the helping professions*, New York, Human Sciences Press, 1980.

16: Lazarus, R.S. « Progress on a cognitive-motivational-relational theory of emotion », *American Psychologist*, 46 (1991), 819-834.

17: Lazarus, R.S. « From psychology stress to the emotions: A history of changing outlooks. », dans L.W. Porter et M.R. Rosenzweig (dir. publ.), *Annual review of psychology*, 44 (1993), 1-21.

18: Lazarus, R.S. *Stress and emotion*, New York, Springer Publisher, 1999.

19: Gershaw, D.A. *Dealing with frustration*, Arizona Western College, Psychology Department, 1997. Consulté le 30 mars 2004 sur www3.azwestern.edu/psy/dgershaw/lol/frustration2.html.

20: Plotnik. *Introduction à la psychologie*, traduit par L. Drolet, Montréal, Chenelière/McGraw-Hill c2001. Titre original: *Introduction to psychology*.

Chapitre 7

21: Snyder, C.R. (dir. publ.) *Coping: The psychology of what works.* New York, Oxford University Press, 1999.

22: Glasser, W. *La liberté de choisir*, traduit par J.-P. Laporte, Montréal, Logiques, 1998. Titre original: *Choice theory*.

Chapitre 8

23: www.theglobeandmail.com/report-on-business/careers/career-advice/life-at-work

24: Goleman, D. *L'intelligence émotionnelle — 2*, traduit par D. Roche, Paris, Éditions J'ai lu, 2003, c1999. Titre original: *Emotional intelligence in the workplace*.

25: Seligman, M.E.P. *Helplessness*. New York, Freeman, 1989.

26: Seligman, M.E.P. *La fabrique du bonheur: vivre les bienfaits de la psychologie positive au quotidien*, traduit par J. Lecomte, Paris, InterÉditions, 2011. Titre original: *Authentic happiness: Using the new positive psychology to realize your potential for lasting fulfillment.*

27: Bandura, A. *Social foundation of thought and action: A social cognition theory*, Englewood Cliffs (New Jersey), Prentice-Hall, 1986.

28: Bandura, A. *Auto-efficacité: le sentiment d'efficacité personnelle,* traduit par J. Lecomte, Paris, Éditions De Boeck Université, 2003. Titre original: *Self-efficacy: The exercise of control.*

29: Robert Holman Coombs (dir. publ.) *Handbook of addictive disorders: A practical guide to diagnosis and treatment.* http://ca.wiley.com/WileyCDA/WileyTitle/productCd-0471235024.html

30: www.webmd.com/mental-health/eating-disorders/binge-eating-disorder/mental-health-food-addiction

Pathway to Coping

Ce document est destiné à accompagner le cours *Pathway to Coping*, un programme conçu pour aider à développer les capacités d'adaptation. L'objectif est que chaque apprenant développe ses capacités d'adaptation et acquière la conviction qu'il peut atteindre des objectifs de la vie, comme la santé, le bonheur et la productivité.

Neuf compétences essentielles pour le développement de capacités d'adaptation sont présentées dans ce livre, à commencer par l'**étape de fondation** de trois compétences essentielles de base.

La deuxième étape passe de la fondation aux **capacités de développement**. Il s'agit d'enseigner aux employés des moyens d'influencer leurs pensées pour faire face aux stress de la vie.

La troisième étape porte sur les **capacités de maîtrise**, qui influencent l'efficacité avec laquelle les employés font face à la vie.

ANNEXE A

du College of Extended Learning

UNB

UNIVERSITY OF
NEW BRUNSWICK

Pathway to Coping Skills

par Dr. William Howatt

Ce programme a été conçu pour s'échelonner sur neuf semaines. Il est un moyen de soutenir les employés sur la voie du développement de capacités d'adaptation. Sa seule prétention est sa détermination à offrir aux employés un programme d'études structuré pour le développement de capacités d'adaptation.

Il y a deux options

La première est autodirigée: l'apprenant étudie à son rythme pendant neuf semaines. Il a accès à la plateforme d'apprentissage en ligne du cours de l'UNB *Pathway to Coping*, où il trouve le programme d'études, les vidéos, les feuilles de travail et un livre électronique pour l'aider dans son apprentissage. Il peut aussi poser des questions par courriel à un conseiller et il peut échanger des idées et des encouragements sur un blogue confidentiel avec des pairs qui suivent eux aussi le cours.

La seconde option comprend ce qui précède ainsi qu'un appel hebdomadaire avec un conseiller qui anime un webinaire de 90 minutes lors duquel il passe en revue le programme d'études de la semaine et encourage les participants à mettre en pratique ce qu'ils ont appris pendant la semaine. L'idée est que, au cours des neuf semaines, l'apprenant découvre neuf compétences fondamentales qui ont été sélectionnées pour le mettre sur la bonne voie vers l'adaptation.

Le programme d'études repose sur un modèle en trois étapes qui comprend une étape de fondation de trois compétences essentielles de base pour le développement de capacités d'adaptation:

Éviter les raisonnements spécieux. Ce module examine la vision qu'ont les employés du monde et d'eux-mêmes et l'influence de ces perceptions sur leurs pensées, leurs sentiments et leurs comportements. Sans cette perspective, les employés risquent de persister dans des raisonnements spécieux, par exemple en croyant que leur vie ne pourra jamais être meilleure.

Énergie. Ce module met l'accent sur les stratégies de gestion du stress et les habitudes salutaires qui peuvent influencer l'adaptation face au stress. L'apprentissage du développement de capacités d'adaptation demande de l'énergie. Il est fréquent que les personnes stressées adoptent pour faire face au stress un mode de vie sédentaire ou des habitudes préjudiciables à la santé (p. ex. tabagisme, excès alimentaires, etc.). Une action volontariste et de saines habitudes donnent de l'énergie pour faire face à la vie.

Perspectives sur le comportement humain. Ce module présente aux employés un cadre convivial sur ce qui motive la plupart des êtres humains. Ce cadre leur donne une idée de ce qui détermine leurs choix. Le module examine la capacité de chacun de faire des choix efficaces et moins efficaces. Cette compétence essentielle montre également le pouvoir des émotions pour guider les choix comportementaux.

La deuxième étape de ce programme passe de la fondation aux capacités de développement. Il s'agit d'enseigner aux employés des moyens d'influencer leurs pensées pour faire face aux stress de la vie.

Pensée positive. Ce module apprend aux employés à éliminer leurs croyances limitatives et leur discours intérieur négatif. Ils peuvent ainsi remettre en question leurs pensées et créer de nouvelles pensées positives qui entraînent de nouveaux sentiments, réflexions et comportements.

Résilience. Ce module présente la résilience. Il traite du rôle de l'optimisme et des avantages qu'il y a à stimuler la créativité ainsi que les capacités à résoudre les problèmes et à prendre des décisions. La résilience aide les gens à rebondir après avoir heurté un écueil de la vie, à se remettre sur pied et à repartir.

Confiance en soi. Ce module traite du rôle joué par l'estime de soi et l'acceptation de soi dans le développement de la confiance en soi. Le fait de croire en soi est un élément fondamental qui influence la capacité de faire face. Il est possible de définir et de mesurer des éléments essentiels pour le développement de l'estime de soi.

La troisième étape de ce programme porte sur les capacités de maîtrise qui influencent l'efficacité avec laquelle les employés font face à la vie.

Relations. Ce module examine le rôle des relations dans la capacité générale des employés à faire face. Toute personne résolue à mener une vie saine a besoin de relations saines qu'elle peut mobiliser et dont elle peut tirer parti. La vie est plus épanouissante quand on ne se sent pas seul. C'est pourquoi il est utile d'étudier ce qui caractérise des relations saines et ce que peuvent faire les employés pour avoir de meilleures relations au travail et à la maison.

Souplesse. Ce module étudie l'influence de la souplesse sur la capacité des employés à s'adapter et à faire face au changement dans la vie ainsi que les répercussions potentielles qu'elle peut avoir sur leur bien-être général. La vie est pleine de changements. Pour surmonter ces écueils, il faut parfois passer par la normalisation de la perte, du désespoir, de l'échec et de la peur afin de pouvoir suspendre son jugement personnel et avancer.

Leadership de l'intérieur. Ce module se penche sur les avantages qu'il peut y avoir pour les employés à développer leur leadership de l'intérieur pour mieux faire face à la vie et mieux la gérer. Mettre activement l'accent sur les capacités de self-leadership peut influencer et façonner l'autodiscipline et la motivation interne d'une personne, lui permettant ainsi d'accomplir ce qu'elle juge important. Les apprenants découvrent des compétences essentielles de leadership qui peuvent être utiles à tout employé, quel que soit son titre.

Les capacités d'adaptation d'une personne déterminent sa capacité à parvenir à des résultats positifs sous pression. Ce programme montre la voie vers l'adaptation, mais son succès dépend de la motivation des employés et de leur volonté de mettre en pratique les capacités enseignées. Il n'a jamais échoué, mais certains apprenants négligent de s'exercer et ne tirent pas pleinement parti des informations présentées. Tous les concepts enseignés dans ce programme ont été démontrés et éprouvés au fil des années et ont été utiles à de nombreuses personnes. Au bout du compte, le succès dépend de la volonté des participants de faire preuve de patience et de comprendre que la maîtrise de ces capacités exige des efforts et de la pratique. Il n'y a pas de raccourci et pas de formule magique; il faut vouloir apprendre et grandir pour atteindre son plein potentiel.

ANNEXE B

THE GLOBE AND MAIL*

Report on Business: YOUR LIFE AT WORK
(VOTRE VIE AU TRAVAIL)

http://www.theglobeandmail.com/report-on-business/careers/career-advice/life-at-work/

- **Article 1 dans la série — Survey and Quality of Work Life Score (QWL)**: How's your life at work? (**Enquête et score rendant compte de la qualité de vie au travail**: Comment est votre vie au travail?) www.theglobeandmail.com/report-on-business/careers/career-advice/life-at-work/survey-hows-your-life-at-work/article16524403/

- **Article 2 dans la série — Your Life at Work Survey: What can a manager do to help an unhappy employee? (Que peut faire un supérieur pour aider un employé qui n'est pas heureux?)** www.theglobeandmail.com/report-on-business/careers/career-advice/life-at-work/what-can-a-manager-do-to-help-an-unhappy-employee/article17070452/

- **Article 3 dans la série — Your Life at Work Survey: Is coping with work stress good enough? (Faire face au stress au travail est-il suffisant?)** www.theglobeandmail.com/report-on-business/careers/career-advice/life-at-work/is-coping-with-work-stress-good-enough/article17435268/

- **Article 4 dans la série — Your Life at Work Survey: When you're unhappy, what motivates you to make a change? (Quand vous n'êtes pas heureux, qu'est-ce qui vous motive à faire un changement?)** www.theglobeandmail.com/report-on-business/careers/career-advice/life-at-work/when-youre-unhappy-what-motivates-you-to-make-a-change/article18370595/

- **Article 5 dans la série — Your Life at Work Survey: Are you struggling to cope with the stress of work and life? (Avez-vous du mal à faire face au stress au travail et dans la vie?)** www.theglobeandmail.com/report-on-business/careers/career-advice/life-at-work/are-you-struggling-to-cope-with-the-stress-of-work-and-life/article18469369/

- **Article 6 dans la série — Your Life at Work Survey: Survey says: We're stressed (and not loving it) (Une enquête le révèle: nous sommes stressés [et ça ne nous plaît pas]).** www.theglobeandmail.com/report-on-business/careers/career-advice/life-at-work/survey-says-were-stressed-and-not-loving-it/article22722102/

- **Article 7 dans la série — A lot of Canada's workers are stressed out. But what can be done to fix this? (Au Canada, beaucoup de travailleurs sont stressés. Que peut-on y faire?)** www.theglobeandmail.com/report-on-business/video/video-a-lot-of-canadas-workers-are-stressed-out-but-what-can-be-done-to-fix-this/article22738814/

Quality of Life Survey (QL). Are you satisfied with your life? (**Enquête sur la qualité de vie**. Êtes-vous satisfait de votre vie?) www.theglobeandmail.com/report-on-business/careerscareer-advice/life-at-work/are-you-satisfied-with-your-life/article23426459/

Quality of Student Life Survey (QSL). Students: how stressed are you? (**Enquête sur la qualité de vie des étudiants**. Étudiants, quel est votre niveau de stress?) www.theglobeandmail.com/report-on-business/careers/career-advice/life-at-work/students-how-stressed-are-you/article24378778/

ANNEXE C

Enquête éclair sur la dépendance alimentaire

La dépendance alimentaire peut se définir comme la compulsion d'utiliser la nourriture pour créer un changement d'humeur (Coombs[29]). Les personnes qui ont une dépendance alimentaire utilisent la nourriture comme les toxicomanes prennent de la drogue, pour se sentir mieux. Il n'est pas rare qu'une personne qui a une dépendance alimentaire ait des symptômes de sevrage (anxiété, agitation et autres émotions négatives). Comme dans le cas de n'importe quelle dépendance, des risques sont associés au comportement de dépendance alimentaire chronique. Les personnes qui ont une dépendance alimentaire continuent à manger sans égard pour les conséquences négatives, comme un gain de poids ou la détérioration des relations personnelles. Cette enquête vise à vous aider à autoévaluer votre risque de dépendance alimentaire[30].

Ce questionnaire ne donne pas de mesure clinique et n'est pas un outil de diagnostic; il n'a d'autre ambition que d'être un outil de dépistage.

Au cours des six derniers mois, combien de fois avez-vous...	Jamais 0	Une fois 1	2 ou 3 fois 2	4 ou 5 fois 3	Au moins 6 fois 4
1. Eu du mal à contrôler la quantité que vous mangiez?					
2. Mangé davantage les jours que vous jugiez stressants?					
3. Mangé sans avoir faim?					
4. Remarqué que la nourriture était une source de plaisir?					
5. Menti à propos de votre alimentation?					
6. Eu une envie irrépressible de pain ou d'aliments très sucrés ou très salés?					
7. Trouvé des excuses pour vous déculpabiliser et légitimer votre consommation de nourriture?					
8. Prévu de manger plus sainement sans parvenir à concrétiser ces bonnes intentions?					
9. Pris de la nourriture discrètement et mangé seul(e) pour ne pas être vu(e)?					
10. Culpabilisé après avoir mangé?					
Totaux					
Somme finale					

	Niveaux de risque potentiel	
0-3	**Risque faible**	Il n'y a pas forcément lieu de s'inquiéter. Cependant, il est important de surveiller la prise spontanée de nourriture. Ayez conscience du lien entre votre stress et vos habitudes alimentaires. Manger sans y penser quand on est stressé peut être le signe de capacités d'adaptation déficientes.
4-10	**Risque modéré**	À ce niveau, il y a un risque potentiel de développement d'une dépendance alimentaire quand on n'a pas conscience qu'on commence peut-être à utiliser la nourriture pour se sentir mieux. Demandez-vous: « Est-ce que je mange pour me sentir mieux sur le plan émotionnel? Est-ce que j'ai le contrôle de mon alimentation? ». Avec le temps, l'absorption d'un excès de calories augmente la graisse corporelle, ce qui peut être à l'origine de problèmes de santé comme l'hypertension (pression artérielle élevée) et l'obésité. Manger pour trouver un réconfort affectif peut être le signe qu'on est en passe de développer une dépendance alimentaire ou de compenser un autre problème potentiel de santé mentale (p. ex. une dépression). Si vous vous sentez pris au piège et que vous ne savez pas quoi faire, nous vous conseillons d'appeler votre spécialiste de l'aide aux employés, votre médecin ou un professionnel de la santé mentale.
11-40	**Risque élevé**	À ce niveau, la nourriture risque de contrôler votre vie et vous avez peut-être déjà développé une dépendance alimentaire. Nous vous encourageons à vous autoévaluer et à examiner votre risque de dépendance alimentaire. Il existe des ressources professionnelles gratuites en ligne que vous pouvez consulter. Si vous avez la motivation nécessaire pour vous faire aider, il y a des professionnels qualifiés de la santé mentale qui sont experts des dépendances et qui sont prêts et disposés à vous aider à repartir du bon pied. Comme face à toute dépendance, les premiers pas exigent qu'on ait conscience de soi et qu'on ait la motivation pour agir. Un professionnel ou un groupe d'entraide peut vous aider à trouver le moyen de prendre le contrôle de la nourriture.

MORNEAU SHEPELL ⭕

En 2014, Morneau Shepell a commencé l'intégration de son enquête d'évaluation des risques pour la santé des employés, qui est très utilisée, de ses principales démarches de conseil en matière de régimes d'assurance collective et de ses outils d'analyse prévisionnelle avec l'enquête de RH sur la qualité de vie au travail *Howatt HR's Quality of Work Life* conçue par Bill Howatt, Ph.D., Ed.D. Les résultats des recherches de Bill sur les capacités d'adaptation montrent que celles-ci sont un indicateur clé pour prévoir la santé et l'engagement de la main-d'œuvre et, en définitive, sa productivité. En juillet 2015, Bill Howatt est entré chez Morneau Shepell au poste de chef, Recherche et développement, Productivité de la main-d'œuvre.

Ensemble, l'enquête et les services représentent les analyses et perspectives — sans égales dans le secteur — de Morneau Shepell pour répondre aux questions des employeurs — *au quoi et au pourquoi* — en matière de santé au travail. Les organisations peuvent établir la responsabilité partagée — par l'employeur et l'employé — de la santé, de l'engagement et de la productivité des employés au moyen d'une prise de conscience, d'une responsabilisation et de plans d'action.

À propos de Morneau Shepell inc.

Morneau Shepell est la seule société offrant des services-conseils et des technologies en ressources humaines à adopter une approche intégrative des besoins en matière de santé, d'assurance collective, de retraite et d'aide aux employés. Elle est également le chef de file parmi les fournisseurs de programmes d'aide aux employés et à leur famille, le principal administrateur de régimes de retraite et d'assurance collective et le principal fournisseur de solutions intégrées de gestion des absences au Canada. Grâce à ses solutions en matière de santé et de productivité, à ses solutions administratives et à ses solutions en matière de retraite, Morneau Shepell aide ses clients à réduire leurs coûts, à améliorer la productivité au travail et à renforcer leur position concurrentielle. Fondée en 1966, Morneau Shepell sert environ 20 000 organisations de toutes tailles, des plus petites entreprises à certaines des plus grandes sociétés et associations en Amérique du Nord. Comptant près de 4 000 employés, Morneau Shepell offre ses services à des entreprises au Canada, aux États-Unis et partout dans le monde. Morneau Shepell est une société cotée à la Bourse de Toronto (TSX: MSI). Pour en savoir plus, consultez morneaushepell.com.

L'auteur

William A. Howatt
Chef, Recherche et développement, Productivité de la main-d'œuvre chez Morneau Shepell

Dr. Bill Howatt a plus de 25 ans d'expérience des RH stratégiques, de la santé mentale, des dépendances et du leadership. Il a publié de nombreux livres et articles, notamment *The Coping Crisis, Pathways to Coping,* *TalOp®: Taking the Guesswork Out of Management*, la *Howatt HR Elements Series,* la *Wiley Series on Addictions*, *Human Services Counsellor's Toolbox*, *The Addiction Counsellor's Desk Reference* et *The Addiction Counsellor's Toolbox*. Il est l'auteur de *Beyond Engagement: The Employee Care Advantage* et le créateur de la méthode et de l'enquête Quality of Work Life (QWL) sur la qualité de vie au travail. Il est le co-auteur de Behavioural Engineering, une stratégie adossée à l'enquête QWL qui donne des conseils pour diriger les employés afin de faciliter les changements de comportement.

Collaborateur régulier du *Globe and Mail*, il est derrière l'initiative *Your Life at Work*, dans le cadre de laquelle plus de 10 000 Canadiens ont rempli une version abrégée du questionnaire sur la qualité de vie au travail.

Bill Howatt, Ph.D., Ed.D., postdoc en science du comportement, Institut Semel des neurosciences et du comportement humain de l'Université de Californie à Los Angeles, thérapeute-conseiller autorisé, travailleur social autorisé, conseiller international agréé en alcoolisme et en toxicomanie.